山學ノオト

yamagaku
note
2019

この本は人文系私設図書館「ルチャ・リブロ」の２０１８年12月〜２０１９年12月までの約一年分の日記に、書き下ろしエッセイを加えてまとめたものです。

執筆者は青木真兵、青木海青子の二人。それぞれの言葉は（真）、（海）と末尾に表記されます。

「日記」　初出『H.A.Bノ冊子』第一号〜五号

「エッセイ」、「研究ノオト」　書き下ろし

はじめに

この本の骨格である「山學日誌」は、奈良県東吉野村という人口1700人の山村で活動している人文系私設図書館ルチャ・リブロの日々を綴っています。日誌の最初にあるように、詩人の西尾勝彦さんちで焼き芋をごちそうになった冬の日、H.A.Bookstoreの松井さんから「日記を連載してほしい」というご連絡をいただいて、『H.A.Bノ冊子』での連載が始まったのでした。当初は当館キュレーター・青木の日誌でしたが、徐々に司書も加わって、いつしか日誌に登場する方々の相関図も仲間入りしました。日々感じることや読んだ本等はもちろんのこと、橋を渡って林を抜けたところにある図書館開館中のあれこれ、猫のかぼす館長や犬のおくら主任の様子や、周辺の動植物の様子なども伝えています。

日誌というものを始めてみると、当館と相性が良いように思いました。2019

年に夕書房さんから発刊した書籍『彼岸の図書館　ぼくたちの「移住」のかたち』にしてもそうなのですが、読み進めると、作中でどんどん私たちの考えが変わっていくのが見て取れます。日々考え、その中で変化する過程も開け放して誰かと共有する、というのがルチャ・リブロです。図書館として、物理的には自宅の居間や自分たちの蔵書を訪れる人と共有しているのですが、実はそちらは副次的な部分なのです。もちろん川が流れ、木々に囲まれ、先人の願いが果てた場だからこそ考えられることは沢山あるし、考えたことを安心して開ける、という面は大きいです。当館を包む自然も、日々目まぐるしく変化する。だから自分たちも一貫性や整合性を追わず、変わり続けて良いんだと思えるのかもしれません。そうした過程をより解像度を上げて伝えられるのが、日誌という形だと思います。思えば松井さんからのキュレーターへのご依頼は「何か連載してほしい」ではなく、はじめから「日記を連載してほしい」というものでした。

日誌を書籍『山學ノオト』にまとめる中で、自分たちでも「この当時はこんなことを考えてたんだ」とか、逆に「新型コロナウィルスが出てくる前から、何だかいつも同じこと言ってるな」とか、変わったり変わらなかったりするあとさきを目にしたのでした。あとさきというのは整えた結論の報告書とは違って、無数の実験記録のように失敗を含んでいたり、尻切れトンボに見えたりもします。だけれども誰かと一緒に考えるなら、不格好でも荒削りでも実験記録の帳面をのぞいてもらうのが一番、とも思います。かび臭くて怪しげで、何なら一回濡れてバリバリになった実験帳を開くつもりで、『山學ノオト』を開いてみてください。（海）

生産性のない日々

ある夜、眠れなくて目を閉じたままじっと考えごとをしていました。すると、「ニャア」とカーテンの向こうから声が。かぼす館長です。眠っていないと何故かすぐバレて、返事をするまで呼びかけてきます。いや、返事をしても「ニャア」「はい」というラリーがしばらくは続きます。これを「かぼちゃん問答」と呼んでいます。今夜もかぼちゃん問答が始まり、その後は頭元にやって来て「撫でなさい」という指示を受けました。そんなことをしてモフモフに触れる内に、いつのまにかウトウトと眠りに落ちる夜です。あっ、館長に寝かしつけられているのか。

またある日、川の向こう側を白い犬がとことこ歩いていました。ほんまはあかんのですが、たまに村内を散歩している子です。ちなみにおくら主任のお父さんも、たまに放浪していらっしゃいます。しばらく様子を見ていると、近所の工事中の道に近づいていきます。長いこと道を広げる工事をしていて、片側通行のため、日中は交通整理のおじさんが立っていらっしゃいます。犬とおじさんが出会うとどうなるのか？ 気になってそのまま眺めていると、おじさんは徐に誘導灯を振って、犬を片側に誘導しました。なんだか今日はよい日だなぁ、とつくづく。

近ごろはたまに河原に降りて、石を拾っています。庭に積んだり敷き詰めて、石垣や敷石にするためです。時間が空いた時に少しずつ行ったり来たりしていますが、なかなか積み上がらない。いつまで経っても、完成形が見えてこない。かと言って、成果を出そうと一度に頑張りすぎると腰を痛める。庭はどこまでも広大で、私の微々たる働きかけなどでは、おいそれと庭になってくれない。彼岸だけに、「あぁ、賽の河原ってこんな感じかな」とひとりごちたのでした。（最近はお客さんに呼びかけて、手伝ってもらうようになりました。）

ルチャ・リブロはその活動を「社会実験」と称してはいますが、真ん中にあるのは、あくまでこんな生産性のない日々です。「実験をするぞ！ すごい成果を得るぞ!」と息巻いて山村に飛び込んだわけではなく、山村に住み着いて暮らす内、いつの間にか「実験」が始まっていたような印象です。自分としては、ただ生産性のない日々を生活しているだけなのです。思えば生活とは、本質的には誰にとっても実験なのではないでしょうか。備えに備えても上手くいかなかったり、思いがけず上手く行ったりするし、大筋の条件は同じに見えても、それぞれ個別で全然違う結果が出たりする。でもだからこそ、「失敗するかもしれないし、崩れてもまた石を積みなおせばいいや」くらいに思っておけば、肩の力が抜けるんじゃないでしょうか。

(海)

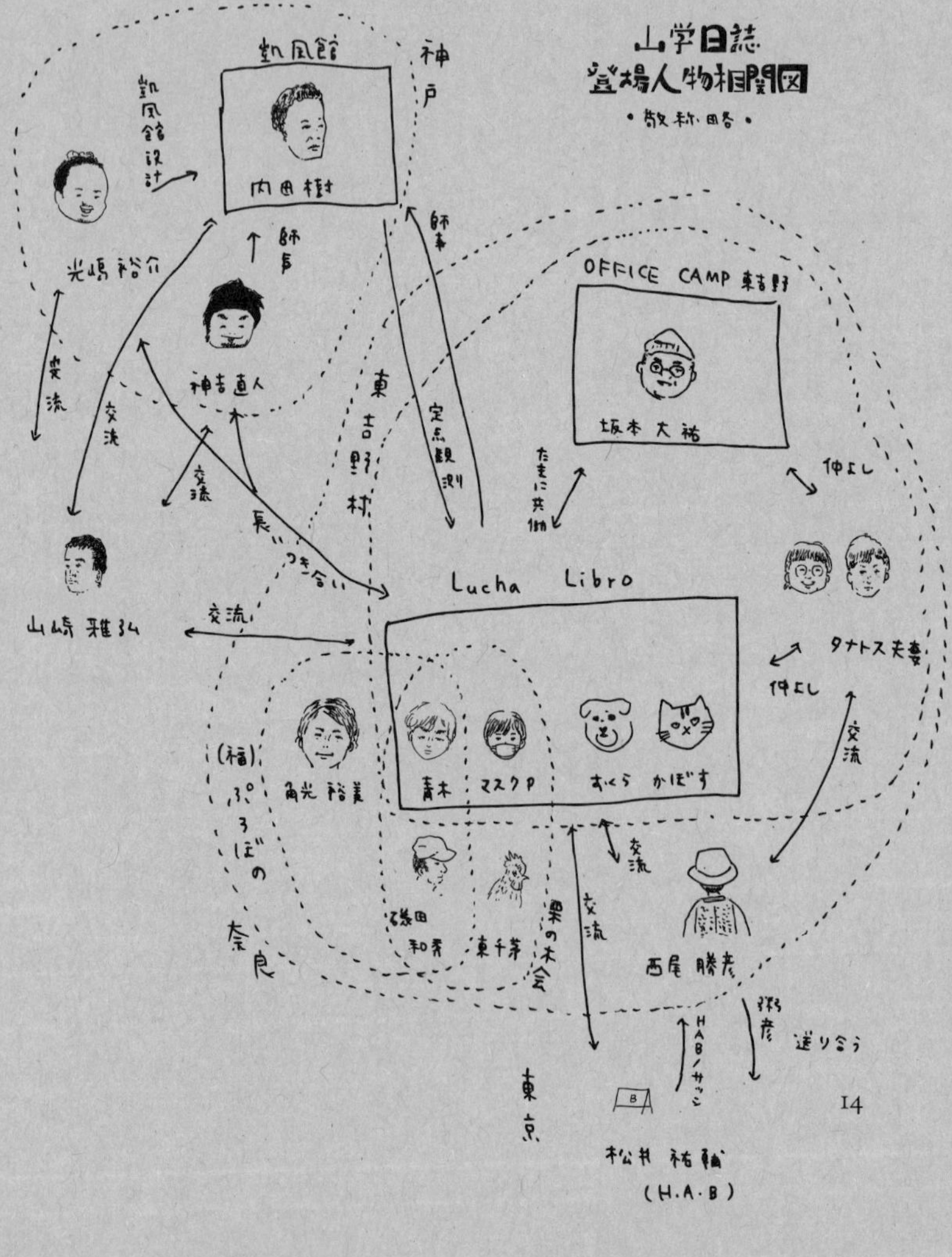
山学日誌
登場人物相関図
・敬称略・
凱風館
内田樹
神戸
凱風館設計
光嶋裕介
師事
神吉直人
交流
東吉野村
定点観測
OFFICE CAMP 東吉野
坂本大祐
たまに共働
仲よし
長いつき合い
Lucha Libro
山崎雅弘
タナトス夫妻
(福)ぷろぼの
奈良
角光裕美
青木
マスクP
むくら
かぼす
磯田和秀
東千茅
栗の木会
西尾勝彦
送り合う
東京
松井祐輔
(H.A.B)

2018 12/15 土

今日は久しぶりのお休み。普段、僕は障害のある人の就労支援を仕事としている。平日に大学講義などがある場合、その仕事を土曜日に入れて、平日は休みをもらう。12月は講義の仕事が忙しく、土曜日がなかなか休めなかった。この日は詩人の西尾勝彦さんのご自宅に伺い、焼き芋をした。落ち葉を集めて焼いた芋はうまく焼けたし、美味しかった。「のほほん」を提唱する西尾さんのお話はむちゃくちゃラディカル。人が生きる上での「速度」の問題を突き詰めると、生物として健全に生きるためには「のほほん」にならざるを得ない。ラディカルとのほほん。一見相反する二つの概念を併せ持つ男、西尾勝彦。でもそれが人間だと思うし、だからこそ面白い。

帰路、メールをチェックしたらH.A.Bookstoreの松井さんから原稿依頼。二つ返事で快諾。松井さんも慎重だけど大胆な人。別ベクトルを同時に持つ人間にこそ、興味がある。（真）

12/16日

東吉野村内で、ルチャ・リブロの活動を話す機会が初めてあった。ルチャ・リブロはSNSを中心に情報発信をしていて、地区や村内に対して積極的に広報活動をしていない。村へ越してきて、「図書館始めました!」と大々的に掲げるのは違うと思ったし、僕たちはそんな感じで村を「消費」しに来たわけじゃない。細々と活動を続けて、降った雨がじわじわと根に届くように浸透してくれたらいいなと思っている。

この日は2018年のルチャ・リブロ最終開館日。本年を振り返るオムライスラヂオ、「山村夫婦放談」の収録。オムラヂとルチャ・リブロがリンクしてきたことをじわじわ実感した年だった。(真)

12/22土

前日から歴史研究に関する打ち合わせで東京に来ている。満員電車に乗る度に、駅のホームに立つ度に、本当に息苦しい。経済合理性を考えると「人を集める」方が「コストが低い(安い)」のかもしれないが、「過剰に集まる」ことのリスクについて、人はどう考えているのだろう。集中だけが、単一だけが、シンプルだけが、道じゃない。「この道しかない」なんて言う奴のことは信じちゃならねぇ、本当に。「集まること」のパワーは重々承知している。集中と分散、緊張と緩和。単一と複数を往復する、または循環するイメージで生きていきたい。

宿泊は実家のある浦和へ。昔からそんな気がしていたけれど、浦和って世界で一番いい街なんじゃないか。アリスの名曲「遠くで汽笛を聞きながら」を聴いていて思うのは、良い思い出がなかった街にも住み続けなければならないし、悪い思い出がなくても出ていかなくてはいけないことがある。好きだから、嫌いだから、右だから、左だからでは割り切れない人生。そういうのも全て含めての歴史。「矛盾」とか「不条理」は解消されればいいのかもしれないけれど、でもやっぱり葛藤の中に生きる人間は活き活きとして魅力的だ。(真)

12/24月

クリスマスイブ。イルミネーションを見るのは、まぁ好きな方かもしれないけど、人混みが死ぬほど嫌い。家族や仲の良い友人たちとひっそりと過ごすのが良いに決

まってる。（真）

12/30 日

奥さんと二人で神戸へ。神戸は以前住んでいた、とても好きな街。良い思い出もそうじゃないのもあるけれど、仲の良い友人たちとご近所だったし、時折集まれたことを楽しく思い出す。車で走ってみると奈良に比べて道が広く、走りやすい。高速道路を芦屋で降りて、かつて通った雑貨屋さんへ。十年近く経っているのに、オーナーの姿が全く変わらずビックリ。

お昼過ぎから凱風館へ行き、内田樹先生とオムライスラヂオ収録。最近のテーマは、カール・マルクスが『ヘーゲル法哲学批判序説』で言及している「類的存在」を土着化していくこと。マルクスの言う「真の人間的解放」について、イデオロギーとしてではなく、自分の言葉と身体を通じて理解し実践していきたい。（真）

12/31 月

早いもので2018年はもう終わり。年末はお腹の調子が悪く、きちんと食べるのを一日一回にしたところ、どうやら調子が良い。胃が弱いのか、腸がセンシティブなのか分からないけど、とにかく無理をしないことが大切。自分が最も快適に過ごせる習慣を作りたい。仕事があって職場で過ごす時間が長かったりするとそうもいかないわけだけど、与えられた環境の中でベストのパフォーマンスをしたい（あたかもスポーツ選手のようじゃないか！）。でもその環境自体を変えていく姿勢も大事だぜ。

昼間に「マルクス・エンゲルス」を鑑賞。「マルクス、めんどくさいやつだなぁ」と思っていたら、奥さんが「あなた、このマルクスに似てるよね」とのこと。そうなのかもしれない。夜はタナトス夫妻とお寿司を食べに隣町のイオンモールへ。イオンはあまりに人が多いので、「イオン都市」と呼んでいる。お寿司を食べて帰ってきて、『ルッチャ』第三號のデザイン会議。マスクさんの切り絵を、タナトス氏がデザインしてくれる。むちゃ楽しみ。

そのままみんなで年越し。音楽をかけようというので「最近、曲名はよく分からないけどジャズを聴いている」と言うと、クイーンに『Jazz』というアルバムがあるという。タナトスさんは映画「ボヘミアン・ラプソディー」を観て、目下クイーンにハマっていたのだ。僕らは映画を観ていないけれど、『Jazz』の一曲目「ムスタファ」にどハマり。「ムスタファ」で年越し。(真)

すぐ死んじゃうイメージ

以前に友人が、「海ってすぐ死んじゃうイメージがある」と言っていました。溺れるとすぐ呼吸が出来なくなるという点で、陸上での遭難より命の危機に直結しそう、というような話題だったかと。何だか印象的な言い回しで、今でもふと頭をよぎることがあります。そういえば幼い時分より、「すぐ死んじゃうイメージ」を、自然の中に見出していました。3歳の頃から、３０００ｍ級登山に伴われたりして、圧倒的な自然に触れていたせいかもしれません。(良い親は真似しないでください。ほんまに。)

例えば雷鳥が住んでいるという山で、ロープを伝って雪渓を渡っている時。下を見るなと言われていたし、見る余裕もなかったけれど、ふと「今、滑り落ちたら死ぬなぁ」という考えが頭をよぎりました。それくらい危険な場所にいる訳ですが、背筋が寒くなったり恐怖で体が固まってしまうことも特になく、ただ好きだった絵本

『ちいさなとりよ』（マーガレット・ワイズ・ブラウン 岩波書店 1978）の綺麗な青色を思い出していました。

他には、山の中で遊んでいて、突然異様な気配を感じたことがありました。胸がざわざわして近くの建物に入ろうとその場を離れましたが、振り返ると、今立っていた場所の上空に、蜂の大群が二つ、現れています。どうやら蜂の巣分かれの時期だったようで。気の立った蜂の大群を眺めながら「あの場に残っていたら、死んでいたかなぁ」と、これまた他人事のように、ぼんやり考えていました。

自然の中でなくとも、命の危機が訪れる機会は、そこかしこにあると思います。ただ街の中で生活していると、それを生々しく感じる瞬間は少ないし、明日も10年後も同じように生きている前提でいろいろ諸々、組み立てられている気がするのです。（※これを書いたのは、新型コロナウィルス流行前でした。ただ流行を経験した後でも、こういう前提は大筋では変わっていないように見えます。）もちろん「明日死ぬかもしれないから、もう洗濯はしない」などとうそぶいていても仕方がないので、とりあえず明日またシャツに袖を通す前提で、今日も洗濯機を回すのですが。

でも、私はこの「とりあえず」を忘れないで、毎日を営みたいような気がしています。現にすぐ死んじゃうものなので、それを日々確認しながら明日のシャツも準備して。まだ死んだことのない私に「すぐ死んじゃうイメージ」を教えてくれる先生が、本と自然なのかもしれません。（海）

2019 1/1 火

初詣は村で一番大きな神社へ。杉の木が四、五本丸太のままサークル状に建てられ、火が轟々と燃えていた。初詣を終え、タナトス家と別れたその足で近所の小さな神社へ。ご近所さんが缶のおしるこや祝い箸をくれた。翌朝その箸でお雑煮を食べる。我が家はおすまし。奈良は白みそで、お雑煮に入ったお餅を出して、きな粉をつけて食べるそう。僕はまだ食べたことはない。

夜はオムラヂ「山村夫婦放談」を収録。なんやかんや言って話し続けてしまう。何をみんなが面白いと思うのか、何がつまらないのかなど、あまり気にせず配信している。聴いてくれる人のことはあまり気にしていないのだけど、家でただ喋っているのとは違うから、一応「第三者」を想定して録っている。プロレスで言うところのノーピープルマッチ。「無観客という観客」を想定して話すことで、普段発揮されない自分のポテンシャルを発揮することができる。多分こういうことなのだ。

(真)

1/5土

吉野町の国栖にある山寺、清谷寺にてオムラヂ収録。実は吉野町と東吉野村は違う行政体である。金峯山寺や千本桜など、有名な観光地は全て吉野町にある。その吉野町の端っこが国栖だ。吉野町の端っこは東吉野村とほど近く、ルチャ・リブロと清谷寺は10分ちょっとの距離にある。清谷寺はB&Bをしてらっしゃるので、今後ルチャ・リブロで夜のイベントをして、みんな清谷寺さんにお泊りするというようなこともできそうだ。(真)

1/11金

二度目の九州は大分、熊本へ。一度目はオフィスキャンプの坂本さんと一緒だったけど、今回は奥さんとの二人旅。ルチャ・リブロの常連、南さんたちを訪ねる。早朝暗いうちから東吉野を出発し、関空から福岡空港へ。そこからバスで日田へ向かい、レンタカーで熊本県小国町へ。南さんらと合流し、「南阿蘇水の生まれる里白水高原」という長い駅名の駅舎に週末だけオープンする、ひなた文庫さんへ。小さいながらもキラリと光る本のセレクション。その後は押戸石の丘へ。360度が見渡せる絶景に心がスッキリ晴れ渡りつつ、隠れるところがない不安感も押し寄せる。でも素晴らしいランドスケープに感動。シュメール文字が発見されていることが、堂々と書いてあった。(真)

1/12 土

宿泊は南さんのお友達、戸高さんのご自宅にて。戸高夫妻に湯布院をぐるりと巡ってもらい、地元の温泉へも案内してもらう。大分はそこらに温泉がガンガン沸いている。土地が元気である。戸高さんも元気だ。

湯布院に行った目的は、亀の井別荘という旅館を経営なさっていた中谷健太郎さんが引退されて作った「庄屋サロン」に伺うため。中谷さんが友達との遊び場として活用する予定のサロンには、温泉や台所だけでなく、中谷さんの蔵書を開いた図書館のような施設が付属している。この中谷さんの図書館とルチャ・リブロのイメージが重なったことが、今回二人で九州を訪れたきっかけだった。この模様もオムラヂで聴ける。どこの馬の骨かも分からぬ若造相手に、しっかり向き合ってくれる中谷さん。こんな大人に、僕もなりたい。(真)

1/15 火

プロレスラー、クリス・ジェリコのインタビューに感動。リング内外の一挙手一投足全てに理由があり、どんな些細な出来事や小道具も自分のストーリーに組み込んでしまうジェリコ。プロレスラーにとってストーリーとは、「生き様」であり「仕事」でもある。僕がプロレスラーをリスペクトするのは、リングの上でパンツ一枚で勝負しているから。格好良いところばかり見せれば良いというものではなく、自分が負けることで相手をより強く見せることも必要。その強い相手を自分がまた倒すことで、プロレスのビジネスは回っている。ストーリーが続いていく。人生においても闘うことは必要だ。ただ相手の息の根を止めてはいけない。相手を輝かせ、自分もより輝く。ストーリーを続けるために。プロレス最高！（真）

1/16 水

信じてくれないかもしれないけれど、冬はニット帽を被って寝ている。それくらい古民家は寒いのだ。だからサッシをアルミにし、ガラスを厚手のものに変え、窓を二重にしたりする。冬は寒さを感じぬように、夏は暑さを感じぬように。でも植物は、きちんと寒い冬が来るから暖かくなってきた春に芽吹く。寒い、暑いをきちんと感じた方が良いのだ。現実から目を背けることを「快適」と呼んではならない。と、貧乏人は自己の懐具合を正当化する。（真）

1/19土

大学を退官される先生方の蔵書の行き場がないとのことを聞いていたし、そりゃそうだろうと思っていた。特に人文系の図書は自然科学系のそれとは違い、「新しさ」と研究上の価値が相関しない。だから「古い」というだけで「意味がない」ということにはならない。図書館で誰も借りていなくても、いつか手にとってもらう日を待ちわびつつ、本が埃を被っていられる場所が必要ではないか（埃は被らなくて良いけれど）。（真）

1/20日

奥さんが企画した「こたつマルシェ」を、近世の味わい残る大宇陀のCafe equbo*で開催。参加者の一人が「親戚が大勢集まったかのようだった」と感想を洩らした。知ってる人、知らない人がなぜか集まってほっこりしてる。この空間を共有している人たちのことを「親戚」と呼んでもいいじゃないか。そこから家族が始まって、そこから地域が立ち上がり、そこから社会が形成される。しかし体調が悪かった。（真）

1/21 月

オムラヂを聴いてくれた『不登校でも大丈夫』（岩波ジュニア新書）の著者、末富晶さんからステキなお便りをいただく。明らかに「不登校でも大丈夫」なのに、なぜ世間では「不登校ではダメ」なのか。なぜ「学校に行かないこと」がダメなのか。よく考えてみると、「学校に行かない」というアクションと、「ダメ」という価値判断が結びつく必然性などないではないか。「物事が存在すること」と良し悪しという価値判断をミックスして語らない。価値判断を下しそうになったら、ちょっと待つ。（真）

1/22 火

体調が悪い。元気な時に立てた計画や交わした約束をベースにして生きていくと、これはこれで大変だ。かといって元気がない時にはあまり面白いことは思いつかない。やっぱり定期的にいったんゼロになることが大切。力を抜いて、ぼんやりすること。でもフラットな状態は人それぞれ違うから、自分にとってフラットな状態を日々探す。常にフラットな状態である必要はないけれど、見失うのが一番キツい。今年はいったん「フラットになる」年になりそう。自分の限界を知り前向きに諦め、「できること」をベースに生活を整えていく。急に変わるのではなく、自然の流れに逆らわない感覚で。寄る年波をサーフィンするぜ。(真)

1/26 土

今週は体調を崩したり、なんやかんやで大変だった。と言いつつ、bookcafe kuju店主柴田さん主催のシンポジウム「熊野で若者をどう育てていくのか」に参加するべく、和歌山の新宮に前日入り。積雪のため紀伊半島の真ん中を突っ切らず、左回りでぐるり。遠い!夜は湯ノ峰温泉でほっこり。(真)

1/27日

シンポジウムに参加。地方の教育をどうしようという問題意識の背景には、良い大学や有名な会社に入る「出口」が決まった教育への疑義があるし、発達障害などがそのままビハインドとなってしまう社会への息苦しさが根底にある。選択肢を増やすには、まずは正しい情報を。(真)

1/28月

僕らと同時期に東吉野村に移住したフォトグラファー、アーティスト、クリエイターのみんなが力を出し合い、面白いことはできないか。その結果、東吉野村に人が訪れ、「村で暮らすこと」が単に「珍しい」選択ではなく、もしそれが必要だと思ったら、自由に選べるようになったら面白い。まだまだ「田舎=遅れてる、何もない」という価値観で語られている。違う違う、そうじゃ、そうじゃない。そうじゃないのだけど、「田舎=進んでる、何かある」と反転させるだけではつまらない。「遅れてる、何もない、だからこそ良い！」になったら楽しい。(真)

1/30 水

今日は「就労支援×合気道」の「働き続けるための合気道的からだづくり」の日。障害を矯正するのではなく、特性を最大限に活かす方法を合気道を通じて模索中。でもこれはもはや合気道ではない。ポイントはリラックスすることと自然の力を使うこと、そして自己肯定感を高めること。この三点を合気道の動きを通じて学んでいく。（真）

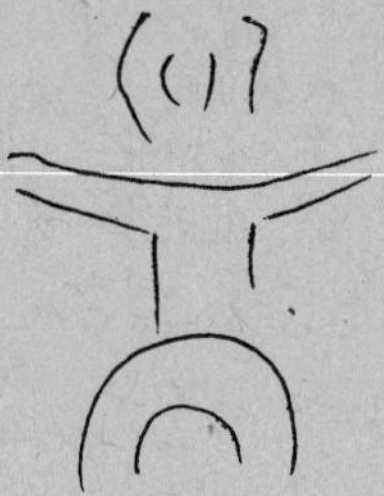

うっとりと、一遍上人

ある日、本の話をする中で「うっとり」というキーワードが飛び出しました。例えば、「三島由紀夫は、うっとりだよね」というように。恐らく「熱に浮かされているような、夢に浸っているような作風、芸風、人物」という意味合いです。何かを言い終え、自ら「…って何浸っとんねん！」と突っ込んだりせず、振り切る熱量が必要となって来ます。

家人は完全に自主突っ込みタイプで、たとえ周囲が「うっとり」状態にあっても、割と冷静で醒めています。（私はどちらかというと、「うっとり」に入れない自分に焦ってくるタイプです。）こういう醒めていられる人たちを、密かに一遍上人みたいだと思っています。いや、一遍上人にはお会いしたことはないし、恐れ多い話ですが。

大昔に「一遍聖絵」か「遊行上人縁起絵」の解説を、何かの番組で見ました。その時に「周りの人々が踊念仏で熱に浮かされたようになる中、一遍上人はひたすら冷静かつ覚醒した表情で描かれている」というような話がありました。なるほど、熱の渦、夢の渦の核心にある人とは、そのようなものなのかと。少し怖いような、でも寂しいような、不思議な心持ちがしたのでした。

私の周りには今割と、一遍上人タイプの人が多いような気がします。渦を作り出すのだけれど、考え続けるが故、その渦に浸ることをしないというか。渦が出来た頃には「うーん。なんかこれ、もう違うんだよね」と、心中ではもう次の核心に向かっているような。

浸るのも危ういと感じるけど、一旦渦が出来た場を離れるのも怖い、というような半端ものには、時おり驚異的に映ります。彼らはその軌跡に渦を生み出しながら、冴えざえした目でどんどん次の場所に向かっていくのです。（海）

2/2土

朝から東吉野村内のＮＰＯの座談会に出席。オフィスキャンプの坂本さんのお話を聞く。オフィスキャンプの紹介に報道ステーションの映像を使うあのやり口、いいなあ。その後は榛原駅前のカフェでランチ。キーマカレーを食す。カレーは毎日でも食べたい。夜は月に一度、恒例の「はじめてのプロレス夜話」。今回は竹内義和さん不在のため、ブリティッシュ・バタードッグさんとの二人会。プロレス最高！

（真）

2/3日

映像民族誌家を名乗り始めた磯田さん、『つち式』主宰東氏との読書会「栗の木会」をオムラヂ収録。シェリー『フランケンシュタイン』の感想をワイワイと。今回は珍しく、いつもは温厚な磯田さんが激怒。栗の木会に関わらず、オムラヂは毎回ぶっつけ本番。特に打ち合わせなし。それが凶と出るか吉と出るかは分からないけど、井上陽水氏が「昔は一発録りだったけど、今はご安心でねぇ」とどこかで言っていたことが気にかかっている。「一発録り」でしか出ないものがあると信じて、と

言いつつ単なるものぐさなだけなのであるが。（真）

2/5火

今日も今日とで就労支援のお仕事。この仕事は一人一人と向き合うとてもクリエイティブなもの。仕事内容自体に不満はほとんどないのだけれど、何より事業所が遠い。「地に足をつけた生活を」と思って東吉野村に越してきたのに、なぜ片道約一時間近くかけて通わなければならないのだろう。と、文句ばっかり言ってても仕方がない。欲しいものがなければ作ろう。そしてオムラヂ収録のために、少しだけ良いマイクを購入。昨年のオムラヂは話が盛り上がる場をいかに作るかということに主眼を置いていたけれど、これからは伝えたいことを伝えていく場にしていこうと考えている。（真）

2/6水

『現代思想2018年12月号　特集＝図書館の未来』（青土社）を読了。図書館は「民主主義の砦」という言葉が何度も出て来るのだけど、そもそも「民主主義」がアップデイトされていないのではないか。「図書館は民主主義の砦」という主張には賛成なので、僕たちはルチャ・リブロを通じて「これからの民主主義」について考えていく必要があるし、実践していく。（真）

2/7 木

90年代からの流れとして、大規模な施設に障害者を閉じ込めるのではなく、地域全体で障害を含む「社会的弱者」を支えていこうという動きがある。「地域包括支援」と言ったりするのだけど、そんな言葉を使わなくても東吉野村内にはそれを地でいく活動があることに脱帽。でも現状は90歳の介護をしているのが60歳の方だったりする。とにかく「引き継ぎ」ができていないのが村の現状だ。ではどうするか。やるっきゃないね。（真）

2/8 金

『ソトコト』の指出さんと中川政七商店の中川さん、オフィスキャンプ坂本さんのトークイベントを拝聴。とても興味深かった。だけど「組織」を具体的にイメージする時に、全てを「会社」の比喩で語ることの功罪を考えたいとも思った。「会社」は経済原理で動いている。でも原理が異なる共同体は不可欠だし、本来「公」が経済原理で動くことは自重せねばならないはず。もちろん放漫財政はいけないので、そういう側面は経済原理で回すべきだけれど。(真)

2/11月

今日は祝日。同僚の角光さんと「みんなの学校」上映会と講演会のため、車で大阪の貝塚市へ。「みんなの」が意味するものをまざまざと突きつけられた映画だった。大阪の一公立小学校に、他の学校には居られなくなった子供たちが転校してくる。発達障害がある子や家庭環境に問題がある子ばかり。今までの「学校」という枠組みの中に押し込もうとすると、その中で教育なんてできやしない。そもそも学びとは何なのか。原点に常に立ち返りながら、「学校」という枠組みを変化させつつ、「学びの場」が運営されなくてはならないことを映画は写し出している。その学校を運営しているのは先生だけでも、地域の人たちだけでもなく、生徒たち自身であることが面白い。まさにこれが「民主主義」ということなのかもしれない。小手

先では実現しねぇや。（真）

2/13 水

毎週水曜日は「働き続けるための合気道的からだづくり」。まだ読んでない、ピーター・ゴドフリー＝スミス著、夏目大訳『タコの心身問題——頭足類から考える意識の起源』（みすず書房）を手がかりに、中央集権的ではない地方分権的な身体運用をみんなで実験。「自己のタコ化」をイメージすることにより、格段と動きが滑らかに！（真）

2/15 金

『ルッチャ』第三號の原稿を書く。夏に開く予定の「学びの場」につながる原稿の推敲がなかなか進まず。（真）

2/16 土

夜は勤務している法人の食堂にて、同僚の山本ヒデくん夫妻と夕ご飯。ヒデくんの奥さんから保育士の職場環境を巡る闇について伺う。みんな言ってるけど、国はきちんと教育、福祉、医療に予算をつけるべき。僕たちの将来ヴィジョンは「国破れて山河あり」。国ではなく山河から、前向きに社会を考えよう。『ルッチャ』第三號のアイデアがまとまってきた。（真）

2/17 日

冬季休館中のルチャ・リブロ。村役場で軽トラを借り、三重県の伊賀まで建具を取りに行く。じわじわ変わるルチャ・リブロ。急がず焦らず少しずつ。（真）

2/20 水

月一恒例、名古屋でのヨーロッパ史講義を終え、大阪へ。山崎雅弘さんと映画「金子文子と朴烈」を鑑賞。関東大震災時の朝鮮人虐殺事件が背景なのだけど、何だか清々しい映画で面白かった。会場では、ずっと欲しかった加藤直樹『九月、東京の路上で』（ころから）も購入。（真）

2/22金

『H.A.Bノ冊子』が届く。執筆者の人選に松井節を見た！『民主主義──文部省著作教科書』（角川ソフィア文庫）を読了。戦後すぐGHQ検閲下で出された「教科書」なので内容をそのまま受け取ることはできないが、現在の社会状況を見ていると、いったん「ここまで」戻ることが不可欠なように思う。この本は政治的なことだけではなく、あらゆる「生活の底本」になる。「形あるものの向こう側」を見据えていないと、民主主義は前に進まない。『ルッチャ』第二號に収録された、山崎雅弘さんとの対談「敗戦を共有すること」と合わせて読むべし。（真）

2/25月

奥さんが背中を痛めてしまい、二日連続の湯治。明日のために早く寝たいのだけれど、さっき食べたおかきのせいで胃酸の存在を近くに感じている。（真）

2/28木

障害者の福祉事業所、Good Job! Center KASHIBA へ。何より空間が最高。木の柔らかみと天井の高さがポイント。これからは働くことにおいて、「自由を感じられること」が大事な要素になってくる。もう二月も終わり。今月は鼻血を出したり喉を傷めたり、あまり体調が良くなかった。仕事ばかりしていたし、本も全然読めなかった。悲しいぜ。（真）

研究ノオト

「土着」する——資本主義との距離感を掴む

2016年4月、奈良県東吉野村という山村に移り住んだと同時に、僕は障害者の就労支援事業所で働き始めた。実はルチャ・リブロという「山村での図書館活動」を言葉にする上で、就労支援という仕事が果たしてくれている役割は大きい。今までぼんやりと感じ考えてきたことが福祉という分野にまとまっていることを知ったし、「働くこと」に向き合う機会を得ることもできた。何より就労や仕事と「障害」は、僕らが言うところの「此岸」こと現代社会を知る上で大きな手がかりとなる。

現代社会では就職と仕事がほぼ同じ意味で使われる。両方とも目的は「お金を稼ぐこと」であり「雇われること」を前提にしている。そもそも、なぜお金を稼ぐことが必要なのか。一言でいうと「自立した一人前の大人」になるためである。近代以前の社会は物々交換や貸し借りなど「お金を介さない関係」が基礎にあった。しかし「お金を介さない関係」を形成、変化させるためには時間も手間もかかる。このような「めんどくさい」つながりから脱するためのツールがお金であった。オーストリアに生まれた思想家イヴァン・イリイチは、地域社会から解き放たれることを「離床」と呼んだ。

「わが西欧社会がつい最近人間を経済的動物にしてしまったのだ」（1910年）ということを認識した人は、マルセル・モースであった。西欧化した人間とは、ホモ・エコノミクスのことである。社会の諸制度が、地域社会から〈離床した〉商品生産に向けてつくり直され、商品生産がこうした存在の基本的ニーズに見合うようになったときに、この社会は〈西欧的〉と呼ばれるようになる。（イリイチ、玉野井芳郎訳『ジェンダー』岩波現代選書 1984 p.22）

イリイチの言うように、「社会の諸制度が、地域社会から〈離床した〉商品生産に向けてつくり直された」のが近代社会である。商品はすべてお金によって交換可能だから、現代社会はお金によって基礎づけられていると言える。「めんどくさい」地縁、血縁から解き放たれた個人は、経済成長が可能な社会では「自由」を謳歌することができた。しかし現代のように非正規雇用が増え不安定な社会では、ただつながりを喪失した個人があたかも燃料切れで大海に放り出された小船のように「漂流」する事態となっている。

僕たちが本屋ではなく図書館を開いた理由、それは現代社会の常識である「社会とのコミュニケーション方法がお金に限定された状況」から距離を取るためだった。一言でいうと「資本主義との距離感」を掴みたいと思ったのだ。お金があればほとんどの物が手に入り、自分の価値ですらお金によって表現される。全ての価値はお金によって測定できる、そんな錯覚の中で僕たちは育った。もちろんその錯覚が与えてくれた楽しさもあったし「自由」もあった。ただあまりにも暮らしの中にお金が浸透しすぎていた。

なぜ周りの大人はお金のことばかり言うのだろう。しゃらくせぇこと言うんじゃねぇ。お金の話をするのがとても嫌だった。しかし結論から言うと、山村に越してルチャ・リブロを開館することで、お金のことをもっと考えるようになったのだ。

物々交換や貸し借りといった、地縁、血縁ベースの関係を肌で感じることで、反対にお金という道具の有用な使い方に思いを巡らすことになった。

お金に振り回されず、お金の多寡が思考のノイズにならないように。むしろ効果的なお金の使い道を考えたい。そのためには生活の一部に、商品化されない「手作りの世界」を持つことが必要となる。「世界」を手作りすることで、まずは「お金がないと何も出来ない」という無力感から一時でも脱することができる。これは現代社会で「流れに身を任せる」しか方法がない人にとって、川中に浮かぶ小島のような存在になる。

この小島を確保するには、どんなに不格好でも「手作りする」ことが近道だ。大それたものを作る必要はないし、作ったものに値段をつけるわけでもない。むしろ「値段をつけない」ことが大事だ。いつのまにか僕たちは「お金がないと何も出来ない」という無力感に苛まれている。まずはこの幻覚に惑わされないことを目的に。そのためにはひたすらに「続けよう」。手作りを続けることで、いつのまにか「お金が介在しない世界」を作ることができる。

手作りした「お金が介在しない世界」は、以前のように地縁、血縁といった不自由ばかりが目についた前近代的なつながりではなく、お金の世界とパラレルに共存できる「つながり」を持った「世界」である。つながりを再帰的に取り戻すのだ。再帰的とは、限界や効能を知った上でもう一度そこに戻ることを意味する。この過程を僕は「土着」と呼んでいる。「土着」し、お金と共存可能な「つながり」の中で生きる個人になるためには、お金以外に「社会とコミュニケーションを取る方法」を一つでも多く持つことが重要だ。そのヒントとして京都で障害者の表現活動を行うNPO法人スウィングを運営する、木ノ戸昌幸氏の言葉を借りよう。

スウィングでは仕事を「人や社会に対して働きかけること」と定義し、対価の有無に囚われない様々な活動を繰り広げ、それらを「OYSS！（O＝おもしろいこと・Y＝役に立つこと・S＝したり・S＝しなかったり）と総称している。（木ノ戸昌幸『まともがゆれる』朝日出版社 2019 p.24）

木ノ戸氏は仕事を「人や社会に対して働きかけること」だと言う。SS「したり・しなかったり」の部分にもルチャ・リブロは大きな影響を受けているが、それはいったん置いておいて、木ノ戸氏の「仕事」に対する考えには僕も大いに賛同する。僕は「社会とコミュニケーションする方法」を「仕事」と呼びたい。そこには必ずしもお金が介在しなくとも良い。むしろお金以外のものを介して社会とコミュニケーションする方法を学んでおかなければ、この先の世界を生き延びることはできない。

例えば、現代社会において「就職を目指す」ことはお金によって成り立つ世界の仲間入りをするだけでなく、お金という物差しが「世界を測定可能である」ことを承認することになる。この物差しを唯一絶対にしてしまうと、いつのまにかあらゆるものを比べ始め、他者と自分の比較によって「立ち位置」を測るようになる。このように社会とのコミュニケーション方法が、「お金」を通じてしかできないと思い込んでしまっている点が大きな問題なのだ。現代社会ではお金を通じたコミュニケーションが標準であり、社会や組織などの「大きなもの」に入るためにはそのコミュニケーション方法を身につけねばならない。この「通過儀礼」がいわゆる「就活」だといえる。

確かに「就活」は儀礼でしかないのだが、この準備のために現在の学校教育は行われている。就労支援に通う発達障害や精神障害を抱える人たちの多くは、学校に適用できないという形で疎外感を味わう。しかし僕は社会や学校におけるコミュニケーションの形が「単一であること」が問題なのであり、障害者の方に一方的な否があるとは思わない。バリアフリーが進むことによって身体障害者ができるだけ障害を感じずに済むように、社会とのコミュニケーションの方法が多様になれば様々な人が障害を感じずに済むはずだ。問題は障害者の側にあるのではない。単一のコミュニケーションのみで成り立っている社会の方に問題の多くは存在する。要するに、一人ひとり異なったコミュニケーションの在り方を認める社会が構築されるべきなのだ。

そのためには、まず僕たち自身が「コミュニケーションは単一の形しかない」という幻想を捨て去らねばならない。例えば、江戸時代の税の収め方がお金以外にもたくさんあったように、「社会とのコミュニケーションの仕方」は多様で良いのだ。むしろ、これからはお金という「万能物差し」とは距離をとり、自分の関心という「専用物差し」を準備すること。その「専用物差し」は「手作り」によってしか磨かれない。それが人との比較ではなく、自分の目で「世界」を見る唯一の方法だ。ま

ずはお金と無関係の「手作り」を、とりあえず続けてみよう。「土着」への第一歩となるはずだ。(真)

3/3日

約五年間続けた、月に一度のプロレストークイベントを卒業。サイキック青年団の竹内義和さんと毎月トークできたことは大変得難い経験だった。特に影響を受けたのは、観客が少数だろうと大勢だろうといつも全力ということ。竹内さんは僕にとっての天龍源一郎だった。（真）

3/4月

就労支援の仕事で知った、吉藤オリィ『サイボーグ時代』（きずな出版）読了。むちゃ面白かった。やりたいことの可能性を考えるのではなく、どうやったらやりたいことが実現するのかという発想を持つことが大事。できないことの理由を探すのではなく、実現への手段を具体的に考えよう。（真）

3/5火

体調が思わしくない時は、少し遠回りでも「大きな道」を通るに限る。くねくねの近道は情報処理にパワーを使う。しんどい時はきつい。（真）

3/7 木

生き方の方針であった獣神サンダー・ライガーが引退を発表。実際に引退するのは来年の1月4日だが、実に寂しい。目に焼き付けておこう。（真）

3/11 月

まだ体調が悪い。花粉と大気汚染のせいだろう。東吉野に引っ越した二年間は環境の良い榛原で働いていて、花粉症は神戸にいる時よりだいぶマシだったのに、今年から橿原に転勤した途端ひどい花粉症になったのだから。（真）

3/12 火

東吉野村議会の一般傍聴へ。参加者は僕一人。「ていねいな暮らし」とか言っていろいろ手作りするのは良いけれど、僕たちの身の回りの社会制度や法律に関心を持つことも「暮らし」には不可欠だと思う。社会制度を運用しているのも生身の人間だ。実は議会もすごい「手作り」。規模が小さくなればなるほど「ぬくもり」を感じることができる、良くも悪くも。杉田水脈議員が言った、LGBTの人たちは生産性がない云々の話を真に受けて差別的発言をするおっさんが議員に一人。最終的には撤回したらしいことを後に聞いた。一方の村長は真っ当な意見を言っていて、こちらもまた生身を感じた。（真）

3/15 金
『ルッチャ』第三號、入稿！（真）

3/17 日
東京の茗荷谷にある放送大学にて、第五回フェニキア・カルタゴ研究会を開催。フェニキア人は古代地中海の民族で、カルタゴはフェニキア人が作った都市のこと。ローマに敗れてしまった民族なのだけれど、実は僕はこの民族の歴史を研究している。研究者だけでなく一般の方々合わせて約百名がご来場。（真）

3/19 火
「アートな福祉事業所」ツアーで京都へ。スウィング、暮らしランプを見学。大

いに刺激を受ける。僕たちも「現時点で出来ること」を人類史に照らし合わせつつ、バシッとやっていきたい。（真）

3/20 水
名古屋のヨーロッパ史講義、本年度終了。「プラハの春」の動画を見た後鼻をすすっていたのは涙を堪えていたわけではなく、鼻血が出そうだったから。その場では気合いで止まったのだけど、終了後一気に吹き出した。鼻血の頻度、激上り。鼻血がたくさん出たからか肉が食べたくなり、夜は近所のトマオニへ。赤身の牛肉を食す。脂身が苦手、赤身が好き。（真）

3/21 木
『ルッチャ』第三號が届いたので製本。全力を出しても一日三十冊が限界。製本はそこそこに、タナトス夫妻とレストラン「あしびき」へランチ。食後は車で10分走り、西昭和堂にてみたらし団子といちご大福を食べる。その後うだアニマルパークへ行き、羊とヤギに藁をあげる。夜は温泉へ。ザッツ休日。でも花粉症で鼻水ダ

ラダラ。（真）

3/23 土

三重県尾鷲市九鬼町のトンガ坂文庫にて、『ルッチャ』第三號発刊イベント「生命力を高める学びの場」を開催。漁村の細い路地をずんずん入ったところにある書店に集まった十数名は、ただ者じゃなかった。「あなたにとって生命力とは」の問いに全員が応えてくれる素敵な空間。トークの模様はオムラヂを。交流会、二次会も最高。「面白いやつらは辺境に集まる」のだ。（真）

3/24 日

尾鷲では土井見世邸というすごい邸宅に宿泊。カフェ・スケールで美味しいモーニングをいただき、東吉野への帰路に着く。途中のコケコッコー共和国にて一口カステラを購入、美味。飯高の道の駅で温泉に入り、ほっこり。（真）

3/27水

平日は就労支援。職場の「楽しさ」を牽引してくれていた先輩が四月から異動。僕は昨年の四月から中間管理職のような立ち位置にいたのだけれど、来年度はその比重が重くなる。もともと頭で考え言葉にすることはどちらかというと得意で、全体を見ることもしかり。でも個人的には「頭より身体を」という思いがあって、合気道を訓練にも取り入れている。職員の人たちとも有志でお稽古してきた。(真)

3/28木

第二回凱風館マルシェのため神戸へ。榛原で山崎雅弘さんと合流し同行。山崎さんに車を運転していただき、僕は助手席でナビ。マルシェも楽しく、その後の内田樹先生、伊地知紀子さんとの「済州島と地方移住」もとても楽しかった。マルシェの様子、トークの内容はオムラヂでどぞ。(真)

3/30土

初めて奈良教育大へ。退官なさる先生方の貴重な資料をある程度「正しく」伝えたいという、僕たちの東吉野村での新たなプロジェクトにご協力して下さる玉村先生を訪ねた。先生は特別支援教育がご専門。考えながら行動していきたい。（真）

3/31日

オムラヂ「山村夫婦放談」を収録。トンガ坂文庫でのイベント振り返りや竹端寛『枠組み外しの旅「個性化」が変える福祉社会』（青灯社）を紹介。最近はちょこちょこお便りもいただきうれしい限り。ラジオの規模感がちょうど良い。（真）

おすそ分けの距離

ルチャ・リブロの活動は、特に事業としては行なっておらず、言い様が無いから「生活のおすそ分け」と表現しています。思えば神戸に住んでいる時分から、この暮らし方はあまり変わりばえがありません。友達が訪ねてきて居間にある本棚に色々コメントしたり、「いいからこれを読め」と半ば無理矢理本を持ち帰らせて、外したり。

おすそ分け、というと優し気もしくは押し付けがましく響くかもしれませんが、私たちにとっては、むしろ一定の距離や限界をはっきり設定した言葉です。あくまでおすそ分けでしか無いので、おすそ分けする余分が無い時には分けられません。また、たとえ余分があっても、家族にあげたい等の事情があれば、とっておきます。また、おすそ分けは要らないと言う人に、「どうやって貰ってもらうか」とは考えません。

「おすそ分け」は、心身薄弱な夫婦が、暗中模索して行き着いたラインなのかもしれません。自分たちのヘロヘロな力量では、全力で向き合える相手は、人2人と犬、猫1匹ずつ、つまり家庭内が限界です。それ以外は、あくまで日時や範囲や種類を区切った「おすそ分け」ですよ、「サービス」とは違いますよ、というアナウンスなのかも。私たちのやっている実際の場「人文系私設図書館ルチャ・リブロ」も、仮装の場「オムライスラヂオ」もおすそ分けで、サービスとは異なります。

では何故、そんなヘロヘロな人たちがわざわざ「おすそ分け」なんてするのでしょう? 確かに、そんなことしないで、閉じた家庭内だけで消費したら良いんじゃないか、と不思議がられる事もしばしばです。

この点は多分私たちの「所有」についての発想が関係しています。今居る場所や、手にしているものに対し、「自分たちの意思や努力によって掴んだ」というのでなく「縁があってたまたまここに居て、偶然それを持っている」という感覚を抱いていています。「縁があってたまたま」なので、天から降ってきた贈り物、みたいなもので、

「私たち夫婦が偶然拾ったけど、ざっくりこの辺りの人達にくれたのかも」ぐらいに考えています。

本や空間をシェアして「おすそ分け」しているけれど、何より分けられたらと思うのは、この「偶然性の感覚」なのかもしれません。「サービス」の中だと提供者とお客さんは固定的で、お客さんサイドが更なるサービスを求めたり、サービスを評価して消費する事もありますが、「おすそ分け」の下では、分け与える側と貰う側はその時たまたま、その役割という状態なので、流動的で相互性があります。今は、ルチャ・リブロという自分たちの作った空間の中でその感覚を実験していますが、そういう感覚を色んな場所に持って行けたり、色んな人と共有できたら、何だかもっと心安くなるような気がします。(海)

4/1 月

新年度が始まった。先輩の異動に伴い引き継ぎなどでバタバタ。就労支援の仕事で重要なことの一つに、他の支援機関との連携がある。就労支援サービスは税金で賄われるので、利用者は役所への申請が不可欠になる。役所から利用者にサービス受給者証が出ないと、支援事業所もサービス費をもらうことができない。というわけで役所をはじめ、医療機関や就労先の企業など、多くの社会機関と連携して就労支援事業は行われている。だからバタバタ。(真)

4/3 水

山崎雅弘さんと我が家で夕飯をご一緒する。大工さんにいただいた鯛を奥さんが料理したものや、ご来館くださった方からいただいた柿の葉寿司などを食す。山崎さんと奥さんはドラマ好き。特に野木亜紀子さん脚本のものについて、二人で語り合って意気投合しているのが微笑ましい。(真)

4/6土

『まともがゆれる』シュッパン記念！春のパンまつり」に参加すべく、京都は上賀茂へ。電車とバスでのんびり行ったら大遅刻。『まともがゆれる』の著者、木ノ戸昌幸さんは何から何まで最高！完全に意気投合。スウィングという「場」にも癒され帰宅。（真）

4/7日

またまた役場で軽トラを借り、伊賀へ。途中、三歩書店へ『ルッチャ』を納品し、注文していた古い建具をタイへイ舎へ受け取りに。夕方には村内で打ち合わせ一本。軽トラの乗り心地に完全にやられ、疲労困憊セグンド。（真）

4/9火

初めて村長ときちんと話す。午前中いっぱい時間をとっていただき、楽しいディスカッションができた。（真）

4/12 金

就労支援の仕事で毎月第二金曜日は職員研修。全事業所の職員が集まるのだけれど（五十人くらい）、いつも楽しいディスカッションができたり、良い意味で引っかかりをもらえる。フリーで活動する人の自由さは羨ましい時もあるけれど、会社や法人に所属していないと学べないこともある。どちらかを選ばねばならないというのではなく、好きな方を選べる状態になりたい。（真）

4/14 日

建築家の光嶋裕介さんをルチャ・リブロにお招きし、『ルッチャ』第三號刊行記念トーク「『答えのない時代』と場所」を開催。何をしゃべったかはよく覚えてないのだけれど、とにかくあっという間の二時間だった。同時に外では子どもたちとすなぴーが焼き芋を焼いたりと、思い思いに過ごしていて最高！ 夜は光嶋さん、イベントに参加してくれた神吉直人さんと露天風呂に入りつつ、内田先生、釈先生と「聖地巡礼」で熊野に行ったことを思い出した。あの時よりも自由を感じられていることに感謝。（真）

4/15 月

半年に一度の通院のため神戸へ。神戸元町の書店1003へ『ルッチャ』を納品。代わりにチョ・ナムジュ著、斎藤真理子訳『82年生まれ、キム・ジヨン』(筑摩書房)と、内沼晋太郎、綾女欣伸著、田中由起子写真『本の未来を探す旅 ソウル』(朝日出版社)を同時購入。なんだか物々交換みたい。その後京都へ行き、初めて誠光社へ。そこで夕書房の高松さんと合流し打ち合わせ。(真)

4/16 火

仕事から帰ってきて、翌日のヨーロッパ史講義の準備。時が経つにつれ悪寒、全身の痛み、三十九度の高熱!こ、これはまさか!(真)

4/17 水

月一恒例、名古屋のヨーロッパ史講義だけれど、本日は風邪でお休み。朝一で診察を受けに行き、インフルエンザではなく一安心。東吉野村に住んでいるとはいえ、車で十分ほどのところに大きめの病院があることは助かる。身体による強制シャッ

トダウン。療養を余儀なくされる。(真)

4/18 木

仕事を休み、今日も療養。体調を崩して寝ていると、ここ最近のことを振り返る。僕らの場合、移住は「リカバリー」のきっかけだけど、いわゆる「社会復帰」とは異なる。現在の社会システムの中で形成されてきた「自己」を、発展・解消していくプロセス。それこそが「土着」だ。(真)

4/19 金

就労支援の仕事へ。夕方に具合が悪くなり、車が運転できるうちに早退。頭で考えていることに身体がついていかない。この「儘ならない状況」をデフォルトにして生きていこうと決めた。できねぇことはできねぇし、できることしかできないのだ。具合が悪い具合が悪いといいつつ、その中でもオムラヂを収録。木ノ戸昌幸『まともがゆれる――常識をやめる「スウィング」の実験』(朝日出版社)が最高なので紹介。(真)

4/20 土

最近、年齢を聞かれることが多い。（真）

4/21 日

午前中、オフィスキャンプの坂本さんと村内の施設へ夏のイベントの予約。その後、坂本家で打ち合わせ。すでに価値が決まっていることにあまり興味がない。そんなメンバーが集まって近所に住んでいることが面白い。「意味があること」のフレームを少しずつ広げていきたい。帰宅後、午後は久しぶりに落ち着いて読書。本が読めない日々を送っているようじゃ働き過ぎ。（真）

4/22 月

今日は数日ぶりの一日お仕事。八時間毎日働くのって大変。そんな中、仕事上の役割に自分が楽しいと思うものを混ぜていく。すると楽しく仕事が回っていく気がする。あくまで、そんな気がするだけかもしれない。（真）

4/23 火
体調が悪くてもオムラヂは欠かさない。マイクの不調か、ノイズ満載で「アナログ感」バリバリ。（真）

4/28 日
ルチャ・リブロ開館日。今年は在館日を増やしたい。最寄りの榛原駅まで就労支援で同僚の藤森さんを迎えに行く。昼からは大学生の取材。家の裏の山桜が満開。（真）

4/29 月
今日は開館しながら『ルッチャ』の製本に勤しむ。ひたすら手を動かしていると、次号の構想がむくむくと湧いてきた。夜はオムラヂを収録。チョ・ナムジュ『82年生まれ、キム・ジヨン』（筑摩書房）、村上慧『家をせおって歩いた』（夕書房）などを紹介。（真）

裏の桜がようやく咲いて、村に住んでいるカメラマン・ニピさんが家族写真を撮ってくれる。ニピさんが黄色いベレー帽で林に分け入ったりするものだから、妖精みたいだった。最終的に、おくら主任も一緒に撮影。良き写真。まだまだコタツが仕舞えない。（海）

4/30 火

仕事を休んで『H.A.Bノ冊子』の原稿を送信。日記を一気に書いたので、夏休み最終日の気持ちを思い出した。定期的に書くことを誓う。でも振り返ってみると本当に休んでいない。そして基本的にずっと体調が悪い！（真）

・敬称略・

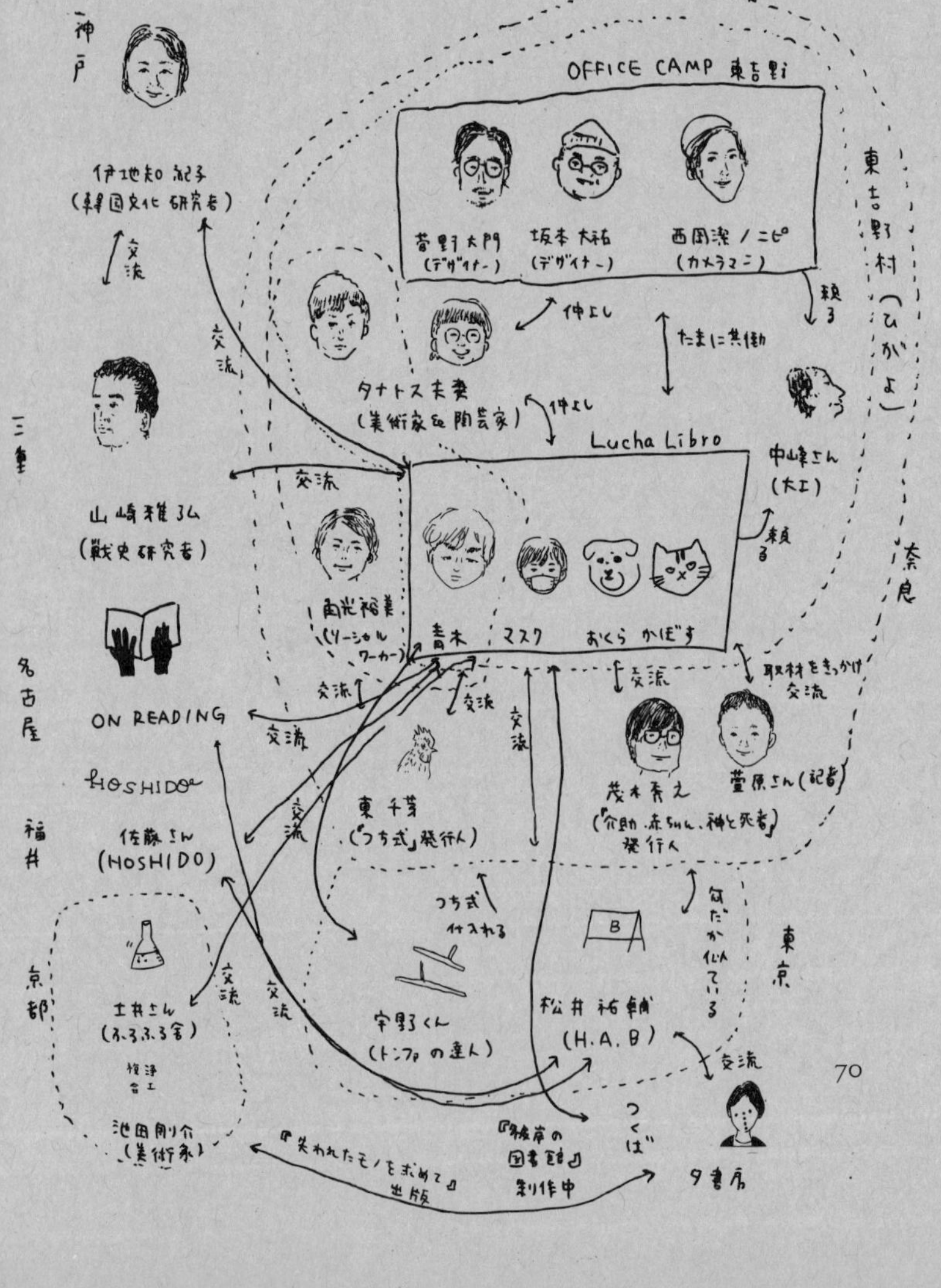
神戸
伊地知紀子
(韓国文化研究者)
交流
三重
山崎雅弘
(戦史研究者)
名古屋
ON READING
HOSHIDO
福井
佐藤さん
(HOSHIDO)
京都
土井さん
(ふるふる舎)
池田剛介
(美術家)
OFFICE CAMP 東吉野
菅野大門
(デザイナー)
坂本大祐
(デザイナー)
西岡潔/ニピ
(カメラマン)
東吉野村(ひがよし)
仲よし
たまに共働
頼る
タナトス夫妻
(美術家&陶芸家)
仲よし
Lucha Libro
中峰さん
(大工)
頼る
奈良
角光裕美
(ソーシャルワーカー)
青木
マスク
おくら
かぼす
交流
取材をきっかけ交流
茂木秀之
(『介助・赤ちゃん・神と死者』発行人)
萱原さん(記者)
東千芽
(『つち式』発行人)
つち式仕入れる
宇野くん
(トンファの達人)
松井祐輔
(H.A.B)
何だか似ている
東京
交流
つくば
夕書房
『失われたモノを求めて』出版
『彼岸の図書館』制作中

5/1 水

ルチャ・リブロ改修日。玄関にケーブルを通し、ライトが照らせるようにする。奥さんの行動力たるや。（真）

5/2 木

奥さん誕生日。スパイス・カレーとナンを作る。体調も少しずつ回復。仕事に行ける気がしてきた。体調が悪いと心も沈む。東吉野村で過ごす時間をより多くするために行動していきたい。（真）

5/3 金

朝から『つち式』の著者、東氏の里山へ。畑を間借りしている。農作業に限らず慣れないことはもちろん本でも読むのだけれど、実際に身体を動かさないと分からないことが多過ぎる。というよりも、身体を動かすことで「学ぶことへの切実さ」を呼び覚ますという方が近い。切実でないものを学ぶ気にはなれないし、何より身につかないのだ。自然農のため、草刈りをして畝に捲く。その刈った草が枯れ、大

地の養分となる。そうなるためにはある程度の時間が必要。時間によってもたらされる自然の力の邪魔をしない。（真）

5/4土

ここ最近の体調不良を受けて、生活を見直すことにした。『ルッチャ』第二號「生活を立て直す」に書いたにも関わらず、結局街の生活の仕方を続けてしまっていたように思う。街での生活は「可能性」がベースだ。何とでも交換できる（と思わされている）お金という道具を通じて平等性を演出し、無限の自由が与えられているかのように錯覚している僕たち。そしてお金がないのは自分の努力が足りないせいだと感じてしまう僕たち。恐ろしいぜ、僕たち。でも僕が「ひがよ」に越してきたのは「土着」するためだ。要するに「土着」とは、自らを自然のなかに滑り込ませ、己の身体の「限界」や「不可能性」をベースに行動や生活を形作ることを意味する。そんなわけで己の身体の「限界」を感じるための草刈りを行い、ルチャ・リブロの周囲の自然環境をまず「全体」と捉え、「有限性」を身体に叩き込む。えいや！（真）

5/5日

朝から草刈り。ルチャ・リブロの周りを観察してみると、硬い草や柔らかい草が生えているエリアが異なっていることに気がつく。そして「キレイだな」と思っていたところより、「荒れている」と思っていた場所の方が虫などの生物が多かったりする。「見えている」ものと、生物の多さによる「土地自体の豊かさ」を分けて考える必要がある。午後は就労支援の同僚、角光さんを迎えて土着人類学研究会。事業所の同僚が多数来てくれた。社会学部でドキュメンタリーを撮っている大学生の取材や、毎日新聞の取材が入る。ルチャ・リブロに興味を持って取り組んでくれる取材は楽しい。（真）

家人の同僚・角光さんをお招きして、土着人類学研究会。庭のハナズオウなど見ながら。「私も当事者や」の言葉が心に残る。（海）

5/6月

大阪の肥後橋にあるCalo Bookshop&Cafeへ。茂木秀之さんと鈴木遥さんのイベント『風呂と施しの文化史――救済と福祉の千年を考える』増補版に参加。歴史と福祉が哲学を通じて交差した、とても楽しい会だった。茂木さんは83年埼玉出身奈良在住ということで、勝手に親近感を抱く。（真）

5/10 金

オムラヂ「山村夫婦放談」収録。「自分の取り扱い説明書を作ること」の大事さについて考える。大事さというより、自分こそ本当にそれを必要としているのだと思う。我が身の偏りを社会の中でどう折り合いをつけていくか。社会が流動的な分、我が身の偏りにより自覚的であることが求められている。就労支援は、このような問題意識に常に立ち返ることができるから面白い。（真）

5/11 土

奥さん外泊のため、家に一人（と犬と猫）。来週の研究発表の準備をする計画が、ついウダウダしてしまう。計画なんて立てなきゃ良かった。未来を先取りしても良いことがない。（真）

友達が主催しているトルコ料理のイベントで奈良市内へ。ひたすらマントウ作り。

美味しかった。館長と主任と家人はお留守番。参加者の中にお茶に詳しい方がいて、煎茶より紅茶の方が工程が簡単と教わる。(海)

5/12 日

『H.A.B ノ冊子』の付録となる「山学日誌登場人物相関図」を描く。入稿してから気づいたけれど、皆の肩書きを全く書いていなかった。オムラヂでも話したことがあるけど、しっくり来る肩書きって難しい。HOSHIDO の佐藤さんから『はしはうたう』が届く。若狭塗箸との事だけれど、色とりどりで、何だか美味しそうだとすら。(海)

5/13 月

健康診断にて、炭酸の錠剤を胃に落とし込む。バリウムの喉ごしを味わい、機械の上でぐるぐる回ったり、機械ごと回されたりした。こういう身体的経験を通じて、「人権」について考えてしまう。山学院の情報をじわじわリリース、どんなことになるのやら。(真)

5/14 火

丸山穂高議員がどうしようもない。しかし昔から思っていたことだが、なぜ議員は「先生」と呼ばれるのだろう。（真）

5/15 水

名古屋でのヨーロッパ史講義。先月は体調不良でお休みしてしまったので二ヶ月ぶり。講義中イントロダクションの話をしている時、「関係ない話をするな」とおっしゃったご高齢の男性がいた。「関係ない」とは何だろう。関係があるかないか、それはこちらが決めること。「関係あるかないかを測る尺度」をいったん手放すことこそが、「学び」のスタートラインに立つということ。家に帰ると奥さんがルチャ・リブロの庭に生えているお茶を発酵させて、紅茶を作っていた。香り高くてとても美味しい！ ル・チャと名付けよう。（真）

5/18 土

シネマート心斎橋で映画を観る時に、よく山崎雅弘さんと行っていたバーガーキ

ングが閉店するらしい。悲しい。(真)

ハハコグサやゼンマイ、お茶を摘む。夕方に庭に出ると、決まって子鹿に出会う。白いお尻丸見えで隠れているから「そんな事じゃあかん」とダメ出しすると、渋々立ち去っていく。(海)

5/19日

静岡大学で行われた日本西洋史学会のシンポジウムで発表を行った。普段の就労支援の仕事もルチャ・リブロの活動も古代地中海の歴史研究も、ぼくにとってはすべて「研究」。(真)

5/20月

共同通信の西出さんと毎日新聞の萱原さんの同時取材。お二人ともご自分の言葉や感覚を持っておられて、ルチャ・リブロの活動を理解して記事にしてくれそう。こういう出会いはありそうでないのでうれしい。(真)

5/21 火

『H.A.B ノ冊子』第二号が完成！ 楽しみだ。（真）

5/25 土

朝から建具の交換をしに大工の中峰さんが来てくれた。どんどん変わるルチャ・リブロ。変わるけど変わらない。変わらないけど変わる。結局見る人が気づかないと意味がないのかもしれないけど、「手を入れる」という行為によって家自体が変わってきたのも確か。「子どもは親の背中を見て育つ」に近いところがある。大工の中峰さんの手際の良さと言ったらない。一挙手一投足に意味がある。最短コースを走っていく。でもこのコースはオンロードではない。オフロードだ。何かを作る土台が決まっていて、そこにまっすぐの材料を差し込むわけではない。プラモデルとは違う。ルチャ・リブロは築七十年くらい経っていて、サッシは歪んでいる。そこに僕たちが古道具屋で購入した建具をはめる。この建具も歪んでいる。歪んでいるものと歪んでいるものを調整して組み合わせる。僕はこの行為こそ、人類にとって最も本質的な能力の一つだと思っているし、「調整して組み合わせる」という意味

では「政治的」と呼べると思う。(真)

村の大工・中峰さんがやってきて、建具を入れ替えてくれる。家人もお手伝い。夕書房さんから出る予定の『彼岸の図書館』(仮)に向けて、庭に出て看板やら杉やらを描く。日差しが強い。(海)

5/26 日

来週配信のオムライスラヂオ、「山村夫婦放談」を収録。夜な夜なちゃぶ台を囲んで誰が聴いているとも知れないラジオを収録している夫婦って、明らかにおかしい。(真)

5/27 月

京都から、ふるふる舎の土井さんが遊びに来てくれる。丁度お店を訪ねる日程を模索していたので、びっくり。HOSHIDOの佐藤さんと、コラボブックカバーを作ろう、という話が出る。空に星が浮かび、ドーナッツのなる木が生えている刺繍の図案を考える。水木しげる『のんのんばあとオレ』(講談社漫画文庫)にドーナッツ

のなる木が出てくるという話も含め提案したら、喜んでくれた。(海)

5/29 水

名古屋にてヨーロッパ史講義。帰ってきて夜は山学院の打ち合わせ。先日、取材してもらった内容が毎日新聞朝刊に掲載。僕の分かりづらい話をうまくまとめてくれた萱原さんに感謝。というか、僕の話をうまくまとめようとするとたぶん失敗する。そうではなくて、僕の言葉を使って、記者さん本人の中にある思いを形にすると、その記事は成功している気がする。だから話が合わない人に取材してもらった記事はだいたい失敗。こちらも「そういうこと」を喋っている。名古屋からの帰りのバスの車中では、『彼岸の図書館』(仮)の対談箇所をパチパチと直したり、疲れてなくても目を閉じたり。(真)

サワガニが林を歩いている。毎日新聞に、記者の萱原さんが書いてくれた当館の記事が載り、嬉しくなる。かぼす館長も写っている。家人の写真に関しては、タナトス氏から後に「冬彦さんみたい」との感想が出た。(海)

5/30 木

仕事の後、京都は誠光社さんへ池田剛介さんのお話を聴きに行く。池田さんには我らがタナトスさんと通じるものを感じた。池田さんのご著書『失われたモノを求めて——不確かさの時代と芸術』（夕書房）は持っていたこともあり、加藤典洋『戦後的思考』（講談社）を購入。加藤典洋さんは十年くらい前にチャレンジしようとして挫折した作家。ペラペラとめくると面白いように内容が入ってくる。こういう時、この十年を生きてきて良かったなと思う。帰りは近くのタイ料理屋さんのテイクアウト。めちゃ美味！（真）

5/31 金

山学院の構想をつらつらと。僕の考える山学院は、「とりあえず、やってみる場」を備えた「山村型リカバリーカレッジ」。人文知や東吉野村の記憶を伝えることを、本来の意味での「学び」を、「働く」ことを通じて行なっていく。以前読んだ、六車由実『驚きの介護民俗学』（医学書院）がとても参考になる。仕事を「単なる労働」にさせないために、学問を「効かせる」のだ。（真）

リカバリーカレッジとしての山學院

「やり直す」ための場所が必要だ。

人はそれぞれの家庭、友人、社会、国、文化の中で育つ。決して僕たち自身が望んだものでなくても、そこで成長せざるを得ない。他人から見て、正しいか正しくないか、おかしいかおかしくないかは置いておいて、それが「普通」だと思って育つ。いったん形成された考えは強固だし、生育環境のせいでなくても、どうしても「こだわってしまう」ポイントがある。その「こだわり」を仏教では「執着」と言ったり、前世との関係において「業」として理解するのだと思う。

突然だが、現代社会は「みんなのため」にできている。近代以前は社会が「一部の人のため」のもので、これを封建制と呼ぶ。血縁、地縁によって生まれが序列化されており、より「上」の方が優遇された。この身分制度を崩そうとしたのがアメリカ独立革命やフランス革命などの市民革命であり、これ以降「平等」という考えが広まっていく。この「平等」が達成されたか否かは地域、時代で異なるが、現代社会が「みんなのため」にできているというのは、こういう意味である。僕はこの近代社会が間違っているとは思わない。ただこの「みんな」に含まれなかった人たちや含まれないと感じてしまった僕たちのような人間が、もう一度「やり直す」ための場所が必要ではないか。

そんなわけで、山村に「やり直す」ための場所をつくりたい。これが山學院の超ラフなスケッチである。もう少し解像度を増すと、東吉野村という人口1700人、高齢化率56％の過疎地域にリカバリーカレッジをつくりたい、ということになる。この「リカバリーカレッジ」で協働する僕たちの運動体（クニ）を「山學院」と名付けたい。そもそもリカバリーカレッジとは何か。このような場を過疎の山村に開くことは何を意味するのだろう。

社会福祉の世界においてリカバリーやリカバリーカレッジという用語は、精神疾患を抱えた人たちのケアやエンパワーメントの文脈で使われる。「回復」とも訳されるリカバリーについて、イギリスで2009年に初めて開設されたリカバリーカレッジの解説書『リカバリーカレッジガイダンス』には、こんな風に書かれている。

リカバリーとは、ひとがひととして生きる中で、自分のありたい姿や送りたい人生を見つけたり、自分なりの意味を見つけたりしていく過程です。リカバリーは、誰かから方向付けされたり、誰かに何かをさせられたりするものではなく、本人が自分で決めるものです。進んでもいいし、進まなくてもいい、戻ってもいいし、止まっていてもいい。方向転換をしてもいいし、向かう方向も、速度も、いつでもどのようにでも変えていい。リカバリーには、決まりも際限もありません。（リカバリーカレッジガイダンス研究班『リカバリーカレッジガイダンス』2019 p.4）

村に移り住んだ僕たちや「地方移住」を経験した人たちの声を聞くと、必ずしも精神疾患を抱えたか否かは問題ではないが、確かに現代社会に生きづらさを感じていることが多い。便利な都市から自然の多い田舎へ引っ越すことは、違った環境で「生活をし直す」だけにとどまらない本質的な意味を持っている。僕たち自身、東吉野村へ引っ越して自宅を図書館として開くことで徐々に「回復」し、自分たちの生活を組み立て直している最中である。間違えたから正しい道に戻るといったような意味ではなく、舗装されていなくても自分に合う道を見つけていく過程を「リカバリー」と呼びたい。

世の中が教えてくれる「みんな」基準の人生から、「自分」を中心に据えた人生へ。「みんなはどう思うか」ではなく、まず「自分はどう感じるか」へ。この転換は幼少期から信じてきたものをポイッと捨てることを意味する。しかしポイッという軽い擬音からは想像もつかないほど、大きな痛みを伴う場合がほとんどだ。なぜか。長い時間をかけ、「自分の形成」に費やしてきた労力やお金、つまりコストが無に帰すことになるから抵抗も強い。

たいてい僕たちは「目的の達成」を目指す。行動を起こす前に「なぜ」それをする意味があるのか、十分に考えるよう求められる。そして計画を立て、その通りに実行する。うまくできなかった箇所を洗い出し、次はそのようなことがないように気をつけることで、当初の目的を成し遂げることを目指す。現代社会ではこの「目的達成能力」が高く評価される。つまり頭の中で考え、それに合わせて現実を当てはめ、あたかもうまくいったかのように帳尻を合わせる能力のことだ（自分にこの能力がないから僻んでいるのだ！）。

見えるものだけを見る。分かることだけを分かる。知ることができることだけを知る。できる限り速いスピードでこれを行う。そのためにはマニュアルが有効だ。いつしか人はマニュアル化できるものだけを「見て、分かり、知る」ようになる。その能力を測るテストの点数を重視する。

確かにこの能力は「ある程度」必要だ。しかしこの能力だけで人間や社会、自然を判断しだすとおかしなことになる。特に先行きの見えない今のような時代だからこそ、見えないものを見ようとする、分からないことを分かろうとする、知ることが出来ないことを知ろうとすることが不可欠だ。作家で精神科医の帚木蓬生氏はこのような能力を「ネガティブ・ケイパビリティ」と呼び、詩人のキーツがシェイクスピアの中に見出した能力として紹介している。

能力と言えば、通常は何かを成し遂げる能力を意味しています。しかしここでは、何かを処理して問題解決をする能力ではなく、そういうことをしない能力が推奨されているのです。（中略）アイデンティティを持たない詩人は、それを必死に模索する中で、物事の本質に到達するのです。その宙吊り状態を支える力こそがネガティブ・ケイパビリティのようなのです。（帚木蓬生『ネガティブ・ケイパビリティ』朝日選書 2017 p.6-7）

僕たちは「自分」を確かなものにするために、「他者との違い」を求めている。しかし「他者との違い」によって作られた「自分」は儚い。他者がいなくては「自分」が存在できなくなってしまうからだ。それだと人が数多くいる社会の中でしか生きていけなくなるし、そもそも「人が集まっていない」場所や、「たくさんの人が求めていない」ものには価値を見い出せなくなってしまう。しかし本来、人間は他者がいなくても「自分」だし、そもそも他者が「自分との違いを確認できる相手」である必要はない。他者が虫だって花だって山だって海だって自然だって、神だって良いはずだ。「何かを成し遂げる能力」（ポジティブ・ケイパビリティ）だけを評価基準にし、その能力を「自分」の基礎に置くことが求められる現代社会は生きづらい。

他者が得ていないものを得ようとしたり、他者が知らないことを知ろうとしたり、他者が成し遂げていないことを成し遂げようとするのではなく、問題に向き合い続ける「ネガティブ・ケイパビリティ」という力を持ちたい時、レイ・ブラッドベリ『華氏４５１度』に登場するレジスタンス、グレンジャーの言葉が刺さる。

ひとつ絶対に忘れてはならないことがある。お前は重要ではない、お前は何者でもない、という思いだ。いつか、われわれが携えている荷物が誰かの助けになる日が来るかもしれない。しかしだ、ずっと昔、本を手に持っていた時代でさえ、われわれは本から得たものをまともに利用してはいなかった。われわれは死者を侮辱することばかりに汲々としていた。われわれより先にこの世を去ったあわれな人たちの墓に唾を吐きかけるようなことばかりしていた。われわれは来週、来月、来年と、多くの孤独な人びとに出会うことになるだろう。彼らになにをしているのかとたずねられたら、こう答えればいい。われわれは記憶しているのだ、と。長い目で見れば、それがけっきょくは勝利につながることになる。（レイ・ブラッドベリ『華氏４５１度 新約版』ハヤカワ文庫 2014 p.272-273　強調は筆者）

死者を侮辱せず、今まで起きてきた事柄をみんなで記憶する。問題に向き合い続ける力とは、自分や相手の「向こう側」にいる死者と向き合い続けることを意味する。

『華氏451度』の世界では本が次々に燃やされていったけれど、幸いなことに現代ではまだ本は存在する。何か問題があれば本に書いてあることから答えを導き出そうとし、真摯に向き合う。自分を基礎づけるものは他者と比べられるものではないし、そもそも計画を立てて得られる資格のようなものでもない。目の前の、そしてかつて存在した、また将来存在するであろう他者に敬意を払い続けること。この姿勢が「ネガティブ・ケイパビリティ」の本質だと言える。

この姿勢を学ぶことができる場所、それが山學院なのである。(真)

6/1土

ルチャ・リブロ休館日。角光さんが指導教官の蔵書を運んで来てくれた。土地のない、スペースのない都市部では「価値がない」とされてしまうものの「居場所」はどこにあるのか。そんなものの「居場所」、つまり「今すぐいるかいらないか決めろ」という圧力の嵐を凌ぐことができる場所を作りたい。夜は山崎雅弘さんとルチャ・リブロでご飯。僕たちにとって山崎さんは親戚のお兄さんといった存在。良い意味で、あまり気を遣わないでも一緒にいられる。山崎さんと「一人旅」についてオムラヂ収録。（真）

6/2日

『介助／赤ちゃん／神と死者』の編著者、茂木秀之さんがルチャ・リブロに来館。茂木さんとは1983年埼玉県生まれ、伊集院光のラジオリスナー、ファミ通読者という数多くの共通項がある。ことによっては永遠にしゃべり続けられるのではないか。イリイチ『ジェンダー』（岩波書店）を真ん中にオムライスラヂオを収録。イリイチの概念を援用し、「離床から土着へ」というコンセプトがまとまった。（真）

6/4火

某公共放送から取材の電話。何やらうだうだとおっしゃるので、「とりあえず、この記事読んでください」と毎日新聞の記事をご案内。電話の前に、少しは下調べをしてほしいものだ。我ながら偉そう!(真)

6/6木

『彼岸の図書館』(仮)に向けて、似顔絵を描き描き。描きかけると気になって、結局深夜に起き出して描いてしまう。私が夜更かしするとかぼす館長は決まって大喜びで、元気に走り回っている。カジカガエルの声が聞こえるし、たまに館内でホタルが見られる。カマドウマだっている。(海)

6/7金

ずっと思い出の中にあった「プラモデル」が、「元祖SDガンダム」という名前であることが判明。BB戦士よりしっかりしていて、四角い箱に入っていたという記憶はあったのだけれど、「ガンプラ」の公式ヒストリーでは見ることができなかったため、ずっともやもやしていた。僕らの小学生、中学生だった時代は、つまり90年代まではプラモ屋、おもちゃ屋が輝いていた最後の時代だったのではないだろうか。埼玉県浦和市で育った僕は、なぜか隣町の与野まで行っておもちゃ屋に通っていた。与野のおもちゃ屋さんや浦和のコルソという商業施設にも、ディスクシステムの書き換えがあった気がする。（真）

6/9日

茂木さんと会ってから、「あの頃」を思い出すものをネットで検索しがちになっている。伝説の番組「ゲームカタログ2」（1995年4月1日）の初回をYouTubeで見る。最近、誠光社の堀部さんや夏葉社の島田さんが90年代についての本を書かれているけれど、僕にとっての90年代の象徴は間違いなく伊集院光氏だった。この日の夜は6月30日に行う、「山學院開学記念イベント」の打ち合わせ。Tシャツのデザインが決定。デザインはタナトスさんだが、このデザインの過程で山学院の「学」が「學」になったのだと記憶している。（真）

6/11 火

「もしもし？ わたくし（ご存知）〇〇新聞ですけど、今日茶摘みのイベントするんですよね？（ご存知〇〇新聞のわたくしが）ちょっと行っていいですか？」という電話をいただく。あなたが世間的にどれだけ「ご存知」されているかは知らないが、違和感があったら断るし、協力できそうなら共同戦線を組みたい。このくらいの心持ちで、こちとら限りある時間を生きている。先日の某公共放送の電話もそうだけど、大きなメディアになればなるほど「（ご存知）我々が取り上げてあげる」感を出してくる。意図的に出しているのか、漏れ出ちゃっているのか分からないが、そういう時代はもう終わり。「肩書き」や「名刺」で仕事をしてんじゃねぇぞ。顔パスと思われちゃ困るんだぜ。（真）

お茶摘みをイベント化したら、友人が参加してくれて、ついでに簡単な罠を川に仕掛けにきた。タッパーに穴を空けて、縁に味噌を塗るという仕組みで、ハヤが6匹位獲れて面食らう。南蛮漬みたいにして、美味しくいただいた。（海）

6/12 水

今月はイレギュラーで、二週目の水曜日に名古屋でヨーロッパ史講義を行う。講義が終わり、書店「ON READING」さんにて『ルッチャ』イベントの打ち合わせ。そしてやっと『クソパン』（小野寺伝助『クソみたいな世界を生き抜くためのパンク的読書』（地下 BOOKS））ゲット！（真）

6/13 木

仕事の後、夜はひがよ会議にて山學院開学イベントの打ち合わせ。僕たちがルチャ・リブロをやってきた三年間の積み重ねの上に、デザイナーやカメラマン、アーティストの移住者仲間で「何か」を作り上げたい。「哲学は分析の道具ではないはずです。むしろみつけだされた問題を超えようとする『あがき』のなかに哲学はあるといって良いでしょう。」（内山節『ローカリズム原論』（農山漁村文化協会））という内山節さんの言葉に大いにうなづく。（真）

6/14金
山學院イベントに向けて、保健所に連れて行ってもらったり、ふるさと村の下見に行ったり。蒸し暑くて、めっちゃ蚊に刺された。（海）

6/15土
大雨の降る中、東京へ。大学時代の旧友、宇野くんとサイゼリアで食事をし、卒業した大学の「史学科90周年のシンポジウム」に登壇。ウケ狙いでいこうと思ったが、空気を読んで真面目路線に。「空気を読む」とかクソ喰らえだと思っているけど、僕自身は空気を読みがち。嫌になる。ウソ、あまり気にしていない。懇親会を終え、浦和の実家に宿泊。（真）

6/16日
浦和から東吉野へ。最近、つくづく浦和は世界で一番良い街だと思っている。僕の中で「懐かしい」という感覚が、本当に「僕の少年期に見たものかどうか」はさておいて、とても大事。僕が良いと思っているものは、どこか「懐かしい」。そんなことを考えながら、浦和駅から東京駅を目指す。昔は上野駅で乗り換えが必要だったけど、今は一本で東京駅まで行ける。便利な世の中。でも僕は上野駅が大好きだ。東京駅で小泉純一郎氏とすれ違う。元気そうだった。(真)

6/18 火

仕事を終え、奈良県の三宅町まで藤井渉先生の講義「障害福祉の歴史を紐解く」を聞きに行く。障害福祉の枠にとどまらず、本筋の近現代史と障害者の関係を読み解いておられて、とても面白かった。また現代と戦前戦中の類似点を指摘しておられた。確かに現代の「生産性」と戦前戦中の「お国のために」は、物差しが「国家」である点が似ている。障害福祉からも「戦前回帰」がみられるというのも発見。

(真)

6/20 木

幻冬舎の箕輪厚介氏が「権力者飲み!!権力こそ自由!」とツイートしていた。権力者や権力に対して無批判にすり寄る人間のことは嫌いだし、箕輪氏の仕事にも一切共感はしない。だけど、かといって、自分のなかに権力志向がないとも思わないし、権力の存在自体を否定はしない。例えば、アナーキズムは未来に対して無責任だと感じることが大いにある。ただ権力の偏重や固定化には大いに気をつける必要がある。などと考えながら、仕事の後ヘロヘロながらひがよ会議。山學院開学イベントの打ち合わせ。(真)

書庫の壁を青く塗る。床の間の壁の色が好きで、似た色になるように、少し柿渋を混ぜた。棚も増設したけど、今更ながら木工の才能があんまり無い。(海)

6/21 金

パキスタンのイスラマバード西方にある、広大な武器市場に私設図書館を開いた人の記事を読む。現代日本では本を読んで知識や情報を「武器に使う」と比喩的に語るけれど、本当に武装組織の攻撃に苦しむ地域では、本は「人間性の回復」をもたらすことができることを知る。僕は現代の日本でも図書館は「人間性の回復」という役割を担えると思う。そのためには、自分たちがいかに傷ついているかを知ることから始めるべきだ。チョ・ナムジュ『82年生まれ、キム・ジヨン』が読まれて

いる背景には、このようなことがあると思う。（真）

6/23日

昨夜は夜遅くまで、そして午前中かかってドラマ「アンナチュラル」を一気見。素晴らしい作品だった。大事なことを言わないニュース番組より、断然高い批評性に感動した。日中はホームセンターに木を買いに行き、帰ってきて奥さんはトンテンカン。僕は社会福祉士のレポートをパチパチ。『彼岸の図書館』（仮）は僕らのエッセイと対談で構成されている。だから対談者がオッケーを出さないと、その対談は収録されることはない。ほとんどの人が二つ返事で了承してくれるのだけど、そうはいかない場合がある。そんな経緯から、「気骨がある記者」って今の日本に何人いるのかな、という疑問が頭をよぎる。記者個人の問題もさることながら、組織レベルで記者の要件に「気骨」より「従順」を採用しているのだろう。特に大きな組織になればなるほど。（真）

6/28 金

仕事の後、明後日に迫った山學院開学記念イベントの準備。内田樹先生を迎えたトークイベントやワークショップ、マルシェなどの最終準備。毎日新聞の朝刊に萱原さんが山學院を取り上げてくれていた。こんな「よく分からない」イベントを取り上げてくれて意味の通じる文章にしてくれるなんて、知性と気骨を兼ね備えた記者さんもいたもんだ。こういう出会いを大事にしたい。（真）

6/29 土

共同通信の西出さんに取材していただいた記事を拝見。信濃毎日新聞に載ったそう。西出さんは特に宗教をご専門になさっている記者で、「超越性」という視点から記事を書いてくれた。やはり記者さんが「視点」を持っていることは、ジャーナリズムにとって必要不可欠。物事が多面的なのは当たり前として、その一面にしっかりと光を当てられるかどうかは、記者さんの「視点」と「眼力」にも似た筆力がなせる技だと思う。「視点」と「眼力」を持った萱原さんや西出さんのような記者との出会いは有り難い。この日は名古屋にて「フェニキア人」に関する講義をして、へ

ロへロでひがよに帰る。（真）

6/30日

山學院開学記念イベント当日。宿泊付きのイベントを主催した経験がないメンバーが手作り。僕とオフィスキャンプの坂本さんは「話を大きくしがち」。そこで取りこぼしたものを拾ってくれる奥さんと菅野大門。その隙間をしっかりと埋めてくれる二ピさんことカメラマンの西岡潔さんとおなじみタナトス氏。それ以外にも本当にたくさんの方々が手を貸してくれた。テーマが「「答えのない時代と」アカデミア」だったが、本当に答えを用意せずトークに臨んだところ、内田樹学長の訓示「コンテンツよりマナー、原理より程度」という学則が誕生。この学則を胸に、山學院は東吉野村での実験「山村デモクラシー」を続けていける場にしていこうと強く思った。（真）

こんなに蒸し暑くなるとは！ 面白い人が大集合。ひがよの人たちと、「よく分からないイベントに、これだけ色んな人が来てくれたことがすごい。よく分からないことを楽しめる人がこんなに居るってすごい」と頷き合う。それだけで何だかこの

先、楽しいことになる気がしてくる。ホタルも少なくなってきた。（海）

洗練と土着と、山學と

東吉野村といえば、村営のシェアオフィス・OFFICE CAMP HIGASHIYOSHINO（以降、キャンプ）がランドマークです。当館ルチャ・リブロもたまたまキャンプにたどり着き、キャンプを作った坂本大祐さんに出会わなかったら、東吉野に根を下ろすことはなかったと思います。村内で親しくしている人たちも、キャンプをきっかけに東吉野に引っ越した人が多いです。

最近はたまに寄り合って「山學院」の企画を一緒に考えていますが、キャンプがあるおかげで、ルチャ・リブロがルチャ・リブロらしく在るんだと改めて感じます。両所とも、よそから来た人間が東吉野に開いた場ではありますが、村営と私設、シェアオフィスと図書館、役割はそれぞれです。また、洗練と土着、という意味でも、役割を分かち合っていると思います。

キャンプは洗練された空間で、働き方、生き方の先端に触れられる場所だと思います。私たちも実際、友人の付き添いで立ち寄ったはずの場所で、「こんな暮らし、こんな仕事の仕方があるんだ」と視野を広げてもらいました。キャンプの明るく開かれた空間や、坂本さんのオープンな人柄に象徴されるような経験でした。

一方当館は、「人文知の拠点」として、土着的な空間です。先日、一年ぶりに当館を訪れた内田樹先生が「マニアックな雰囲気になってきたね〜バリっぽいね」とのコメントを下さいました。「土着」は私たちにとって、洗練に対する「未洗練」や近代化に対する「未開」とは異なります。洗練や近代化を体感した上で、そこからはみ出した目に見えない何かに目を凝らしたり、声なき声に耳を澄ませる装置だと考えています。

キャンプが此岸をしっかりと形作り、門戸を開いてくれるからこそ、当館は「土着」をキーワードに、彼岸を展開できるのではないでしょうか。両方の感覚を融合させながら生まれる「山學院」に、自分たち自身、何が起こるか分からず、ワクワクしています。（海）

7/1 月

霧の日。前の林で、ヒキガエルによく会う。H.A.Bの松井さんや九州の皆さん始め、山學イベントに参加してくれた方々がご来館。オムラヂを聞いてくれている人が多く、嬉し恥ずかし。昨日から色んな人と話して、行ってみたい場所、また行きたい場所がたくさん。高松や蔵前、尾鷲、朝来、小国町、九重町に堺。イベントが何とか無事終わり、ほっと一息。（海）

7/2 火

総務省が、「離島や中山間地など人口減少が進む地域を指す「過疎」に関し、代わりとなる用語を検討する方針で一致した。近年、豊かな自然など都市とは異なる特性に魅力を感じる人が増加傾向にあり、マイナスのイメージがある言葉は実態に合わないと判断した」とのこと。馬鹿じゃねぇかと思う。確かに言葉でイメージは決まってしまうけれど、人口減少が進んでいないのに「過疎」と呼ばれ、風評被害に合っているわけではない。現に人口減少は進んでいるのだ。こんな風に、過疎地域の問題に正面から取り組んでいるように見えない中で名前だけ変えることは、臭い

ものに蓋をするだけのことと思う。(真)

7/3 水

南和地域(奈良の南のこと)での福祉事業について話を伺うべく、角光さんと十津川村へ。一致したのは、そもそも仕事がない中山間地域で就労支援だけをやろうとしても無理な話で、富山などに先駆的事例があるように、勝手に制度で区切らずに現地の状況を「そのまま」受け入れるところから始める必要があるということ。また東吉野村に住み十津川村を訪れて思うことは、過疎地域において歴史や文化を継承するためには人文学だけでは足りなくて、サービスありきではない「福祉的な価値観」から生活全体を捉え、地域に分け入っていく行動それ自体が必要だと言うこと。これを実行していこう。資料館でなぜか毎日新聞の萱原さんとバッタリ。(真)

ブックカバー、完成。サンダーバードに乗って、渡しに行きたくなる。(海)

7/5木

今夜は関係する支援機関の方々との飲み会。と言っても最初からカツ丼を頼むことを許容されていて、最高。頼む人も最高だし、みんなで分けて食べるのも良い。飲み会で食べ物を頼む順番とか、キャリアアップの順序とか、そういうの、マジでしゃらくせぇ。（真）

7/7土

映画「新聞記者」を山崎雅弘さんと一緒に鑑賞。思っていたよりもストレートに現実と向き合っていて驚く。パンフレットも売り切れていた。フリーランスだろうが、組織人だろうが関係ない。まずは自分から「忖度、萎縮」をやめて、自分の言葉を発することが大事だと、改めて強く思った。そして言いたいことを言うためには、人に届くような「言い方」にも考慮せねばならぬとも。とはいえ、「話せば分かる」という状態にはない状況も存在するだろう。そうならないように社会の振れ幅や格差を是正する必要がある。是正のための道具は「言論の自由」と「良識」だと思う。どのような場合であってもヘイトは「言論の自由」には含まれない。夜は韓

国文化研究者の伊地知紀子さんと山崎さんと鶴橋へ韓国料理を食べに行く。美味しい！（真）

7/8日

今日は社会福祉士の資格を取るべくスクーリングへ。大阪の南の方まで電車で向かう。電車は寝れたり本が読めるから、これはこれでハッピー。夜はひがよ会議にて「山學院開学記念イベント振り返り」をオムラヂ収録。（真）

7/9月

野党の批判ばかりする自民党の政見放送を見て、戦慄を覚えた。（真）

7/10火

知っている多くの本屋さんが投票を呼びかけている。素晴らしいことだと思う。投票は意志を表明する一つの手段だし、買い物だって、外食だって、デモクラシーの一つの表現。「政治的な発言をすると仕事がもらえない」という芸能界のような

世界は明らかにおかしい。相手に主張を押し付けることと、政治的、宗教的な話をしないこととは全く違う。（真）

7/11 水

れいわ新選組を立ち上げた山本太郎氏の政見放送を聞く。忖度と萎縮に頼ったコミュニケーションは論理的思考を蝕んでいく。その点、山本氏の話はロジカルで十分に説得力のあるものだった。なかなかいない存在。夕飯は餃子。美味！（真）

7/15 月

地域の消防団のお誘いがあった。村の同年代の方々と知り合えるチャンスなので参加しようと思っている。ルチャ・リブロでは「ジャワの民族音楽」や「ユダヤの民族音楽」を流している。できるだけ多様な文化を感じられる空間が、山の中にあったら面白い。多様な文化をただ消費するだけでなく、本という扉を用いて、その文化の向こう側にいる人間のことを知ってほしい。本は扉であり、地下へ下る梯だ。どんな文化でも下っていけば地下水脈にたどり着き、必ず自分の関心のある文

化と合流する。これが面白い。（真）

7/16 火

翌日に名古屋でのヨーロッパ史講義とON READINGさんでのイベントを控えていたので早く寝たかったが、講義の準備とオムラヂの収録がまだ終わらず。まずは講義の準備を終わらせ、深夜にオムラヂ収録。夜ふかし大嫌い。でも全部自分のせいなのだ！（真）

7/17 水

昨夜、名古屋市内で集中豪雨があり地下が浸水したとのこと。ビルのエレベーターが使えなくなり、講義は中止に（受講生はご高齢の方が多く、10階にある教室まで上がるのが大変だからという理由）。連絡があったのが特急に乗った後で、時すでに遅し。でもヘトヘトだったので講義の中止は逆に助かった。ホテルで休んで、近くの隠れ家的な地下の喫茶店へ。ON READINGさんでのイベントは『ルッチャ』を囲んで好きなことをしゃべる会だったのだけど、『ルッチャ』を読んだことがない方が多くいたのも面白かった。いつものように僕がしゃべるのではなく、『ルッチャ』を囲んで「対話の場」が作れたら、という狙い通りになった。ON READINGさんと『ルッチャ』がコラボした感じもあって、なんだかうれしい夜に。イベント後に食べた味噌煮込みうどんが美味！（真）

7/19金

期日前投票へ。投票に行くことだけが意志の表明ではないし、本来は結果的に「生活それ自体」が意志の表明になる。そうあるべきだ。意志を表明すること自体にめんどくささとか恐怖を抱かせてしまう社会は、端的に言って良くない。ということを表明するために投票へ。一国の総理大臣の演説場所から、野次やプラカードが排除されたニュースを見た。総理大臣とは「行政府の長」であり、まごうこと無き「権力者」である。権力者が良いか悪いかではない。今回の場合、その権力者に対して一般の市民（権力をもたざる者）が野次や政治批判のプラカードを掲げただけで強制排除された。今回に限らず、現政権になってから権力者（や「お友達」）がその権力を用いて、権力のない者を排除する事例が散見される。総理大臣が「私は権力者ではない」と思っているとしたら、自身の有する権力に無自覚なほど危険な人間はいないし、周りの人間に「自分は権力者を支持している」気がなかったら、それも大きな問題である。まさか無邪気に「権力を思う存分うちらのために使って何が悪い」と思っているのだろうか。そんな気がする。（真）

7/20土

内田樹先生が『AERA』にてルチャ・リブロや夕書房、H.A.B のことに直接ではないけれど言及していた。「身銭を切って」書物文化を守ろうという人にとって、書物は「商品」ではないという主旨。僕もそう思う。本は「結果的に」商品という形をとっているのであって、最初から商品であったわけではない。Twitter では的はずれな批判コメントがあって（しかもたぶん本屋関係者）、「文章も読めない人が本屋をやっている」ケースがあることにビックリ。今日は『まともがゆれる』でお馴染み、NPO法人スウィングの木ノ戸昌幸さんたち御一行が、翌日の土着人類学研究会のためにルチャ・リブロへ。ザッと草刈りを完了。満員御礼。ありがたや。（真）
研究会に向けて、スウィングさん御一行が到着。本気の川遊び。林で会うヒキガ

エルをゴジと呼んでいる。おくら主任とも仲良し。（海）

7/21日

昨日の雨上がり決死隊宮迫氏の会見を見て思う。吉本はじめ、個人の尊厳を守らない組織はこの世から早々に退場いただきたい。組織があるから個人がいると思っているとしたら、とんだ間違い。そんな時代はとっくに過ぎた。それを優しい言葉や強い姿勢、さまざまな手を使って押し付けるのがハラスメントだ。記念すべき第二十回土着人類学研究会は、NPO法人スウィングの木ノ戸昌幸さんを迎え、「答えのない時代と「まとも」」についてトーク。さすが木ノ戸さん、言葉のマジックで「あったらいいな」を具現化していく。ルチャ・リブロ館内の暑さと木ノ戸節が相まって、完全に「まとも」がゆれた。スウィングさん、今度は図書館を作る計画が進行中とのこと。沼田さん、XLさんも来てくれて、むちゃ楽しかった。夜は開票速報を見たり聴いたりしながら過ごす。大阪の選挙結果があまりにもアレで、TBSラジオの選挙特番で、荻上チキさん、武田砂鉄さん、麻木久仁子さんたちの声を聴いて落ち着く。大阪の選挙結果でショックを受けていたわけだが、全国的にみ

るとなかなか捨てたもんじゃない感じになってきたところ、石垣のりこ氏の当選にガッツポーズ。（真）

7/22 月

「山學日誌」を書いていると、良い意味で自身を振り返ることができていて、どうやら自分の考えは急に変わらないことが分かった。でも体調や状況は刻々と変わる。すると行動が変化して、その影響でさまざまなものへの対処が変わってくるのだ。それにしてもれいわ新選組はスゴい。障害者の方が国会議員となること、それ自体でいつまで経っても変わらない制度やバリアフリー化を実現してしまう。障害者だけではなく、社会的「弱者」と言われる人たちが生きやすい社会を作ることは、必ず自分たちに返ってくる。僕たちだっていつ「障害」を負うか分からないし、年をとったら必ずや身体に不調は出てくるのだ。長い目で見るとは単に「大きなことを考える」のではなく、自分や周りを「リアルに考える」ことでもある。（真）

7/23 火

「消防団」の説明会へ（と言っても駄弁ってただけだけど）。「村に越してきてもすぐ出て行ってしまうかもしれないから、しばらく様子見とったんや～」とのこと。そりゃそうだ。時間が解決してくれることもあれば、時間だけが作り出すものもある。「山學日誌」第三便を松井さんに送信。またさらに長くなってしまった……。（真）

7/24 水

「なんとか芸人」って増えてるけど、それって別に芸で食っていきたい人が増えているという意味じゃなくて、「芸人」って名乗らないと自分の感覚をそのまま世に出せない人が増えているのでは。もちろんインターネットの発達とかで、趣味が多様化しているという背景はあるだろうけど、そういう世の中になっているということではないか。僕らも自宅を図書館にするという「意味不明なことをしている」と自覚を持っているのだけど、「意味不明なことをしている」とわざわざ意識させられるほど、反対に「意味があること」が固定化してきている気がする。（真）

7/25木

鷲田清一『濃霧の中の方向感覚』（晶文社）が最高。このご時世、既存の答えなんてないのだから、「手探り」で進んでいくしかない。そして必ず「手探り」と「スピード」は反比例する。手探りで進もうとすればするほど、スピードはゆっくりになる。手探りでちろちろ進もう。（真）

7/27土

仕事の後、奈良市内にある「ことのまあかり」さんへ。かき氷「黄泉比良坂」をいただきながら、生駒あさみさんと次回オムラヂとほんの打ち合わせ。気づいたら一瞬で二時間が。オムラヂとほん vol.4 も成功の兆し。（真）

7/28日

特に何も予定がない一日。車で二十分のところにあるホームセンターに書架を補強するための木を買いに行くのと、社会福祉士のレポートを書く。江川紹子氏がツイッターで「『本音』と『きれいごと』の二項対立を作って、人々の思考をその単純な枠組みに閉じ込め、後者を叩くという、いつものパターン。いい加減、こういう二元論的発想に閉じ込められるのはやめたい」とおっしゃっていたが、深く同意。僕らが山村に図書館をつくって物事や社会を「問い直し」ているのも、この単純化された二元論的発想の中に閉じ込められたくないから。ルチャ・リブロの開設の原点は2000年代後半の橋下徹府政に対して感じた、この発想への危機感がきっかけの一つ。3.11における原発報道とともに。(真)

7/29 月

物事を考える、捉えるスパンが圧倒的に短くなっている。日銭のことばかり考えてしまうと、「勝つか負けるか」「稼げるか稼げないか」「敵か味方か」という二元論でしか考えられなくなってしまう。僕もそうだから、とてもよく分かる。二元論が適用されない場所こそが、「本のある空間」ではないのかな。(真)

最近、ゴジの姿を目にしない。ゴジや。夜、家人が自分の影をカーテンに映して、めちゃ楽しそうにしている。(海)

7/30 火

夕書房の高松さんから『彼岸の図書館』のゲラが届く。めちゃ面白い！ 早く朱を入れたいけれど、今夜中にレポートを仕上げねばならず、まずはそちらから。（真）

壁を青く塗って木箱を固定した。中井久夫『世に棲む患者』（筑摩書房）ようやく終盤。（海）

山中他界とルチャ・リブロ

幼い時分より登山に連れられることが多かったせいか、山が落ち着きます。（海の字が名前に入ってはいるけれど）。信仰に関しても、死んだら魂が山に帰るとか、山の中に現世とは違う世界がある、というような山岳信仰だったり、山中他界観に親しみを覚えます。

物語でも昔から、山中で不思議な世界や存在に出会う、という設定のものが好きでした。「雀のお宿」に、「おむすびころりん」、「三枚のお札」に、隠れ里や「高野聖」。狸を法螺貝で驚かした山伏が、山道で仕返しされる話は何といったか。

そうそう、これは私が美容院で髪を切ってもらっていた時のこと。山で見かける動物の話をしていたら、おもむろに、若い美容師さんがこう言いました。「青木さんの住む辺りには、狐はいますか？私、狐って駄目なんですよ。怖くて」これはス

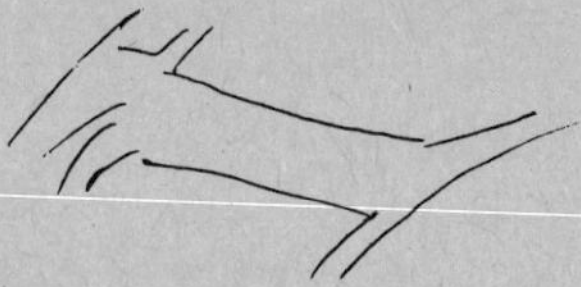

トーリーテリングが始まるな、と予感して、慎重にその理由を尋ねてみました。すると、幼い頃に山で狐に化かされたことがあるのだと。聞くしかありません。

美容師さんは子どもの時、農家からお米を買うために、お母様とバスで受け取り場所に向かったそうです。その時、窓から山中でぴょんぴょん飛び跳ねる動物が見えて「うさぎかな？」と思ったと。その後バスから降りて歩いたけれど、一向に目的地にたどり着けない。携帯も繋がらない。人に尋ねてもどんどん迷って、最終的に赤い鳥居の並ぶお稲荷さんの社まで来てしまった。そこで案内された道を全部逆にたどったら、バス停まで戻ってこられたけれど、何時間も経っていた。ふと、「あのぴょんぴょんと跳ねたのは狐だったんだ」と二人で合点したそうで。

子どもの見る夢かもしれませんが、山に住まうと「ああ、そんなこともあるかもしれないな」とすんなり納得してしまうお話です。そのお稲荷さんも、いつもたどり着ける場所ではないかもしれません。

補陀落渡海のような海の信仰にも「なるほど、そうか。海の向こうに違う世界があるのか」とは思います。ただ、泳ぐのが苦手だったり船酔いするので、海の向こうのあの世には、辿り着ける自信がありません。

そういう訳だから、海辺の街を見に行ったりもした中で、結局、東吉野村という山村に住みつきました。思えば、義経も、後醍醐天皇も、天誅組もニホンオオカミ(?)も、世を追われて山路を辿った訳で。「まずい。現世の価値観でいうと、私たちは居たらいけないことになる」位の切迫を感じて、現世とは少し違う彼岸を作ろうとして、私たちはやっぱり山に入って行ったのでした。(海)

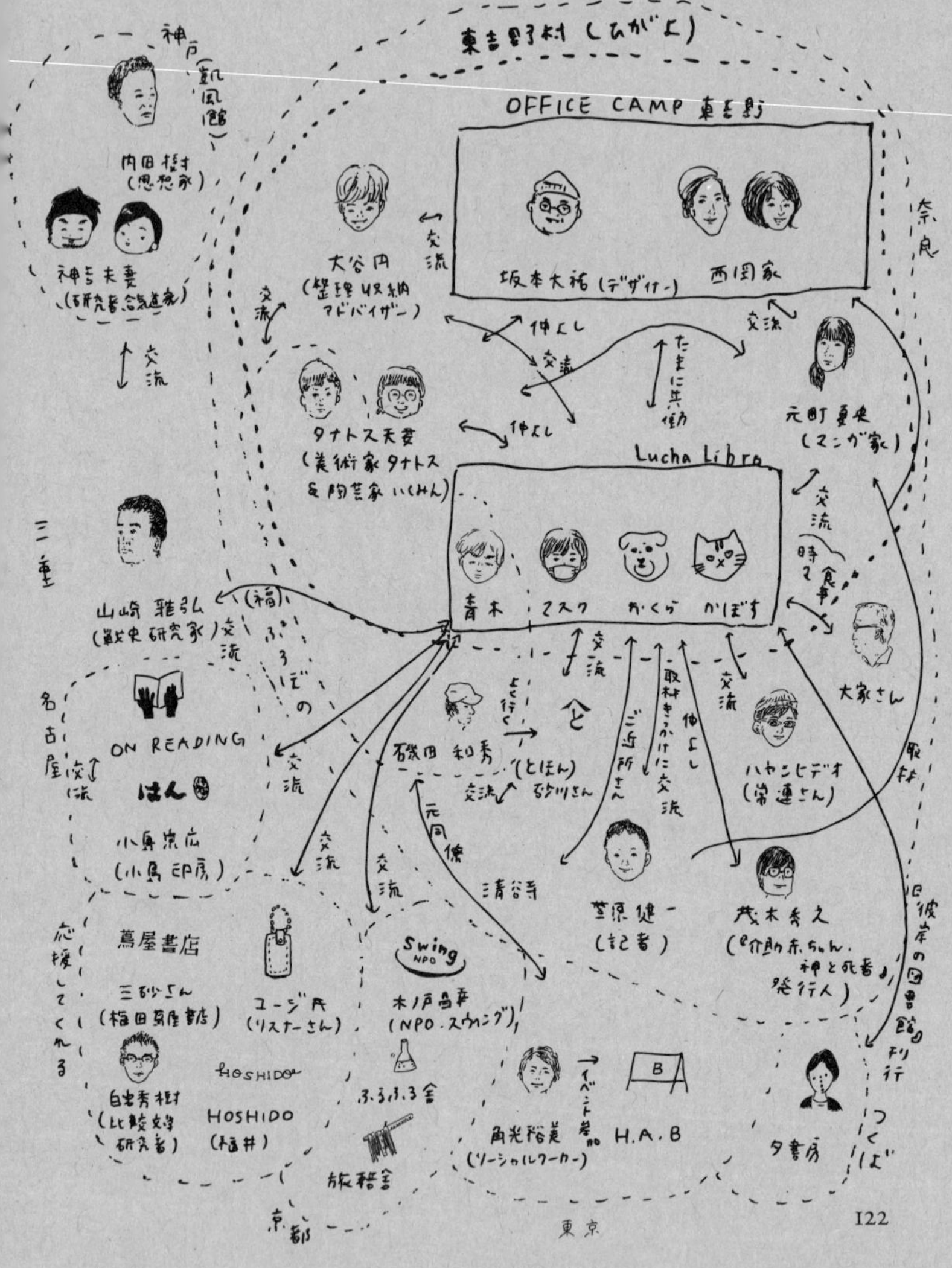

山學日誌 主な登場人物相関図

敬称だいたい略
たまに矢印忘れ

8/1木

「正しさ」を巡る議論っぽいものに、乗っかってしまう時がある。正しいかどうかより楽ちんな方にしといて、杉林に籠ろう。（海）

8/2金

地方創生の文脈で語られる「ローカル」って「中央ありきで地方をどう使っていくのか」という話。でも僕らがやりたいのはそういう「ローカル」じゃなくて、「地方自治」というそれ自体で立っていけることを目指すもの。「ローカル」には二つの意味が含まれている。（真）

8/3土

シャレオツな京都シネマにて「ニューヨーク公共図書館」を鑑賞。アメリカは他の国民国家とは異なり、移民たちが作った「実験国家」。問題もたくさんあるけど、その問題について知恵を出し合う「テーブル」が確かに存在する。そして今なお実験を続けているのだと、「アメリカ」の底力を垣間見た気がした。今の日本にはこの

「テーブル」が必要だ。お昼は京都シネマの下階のカフェでステーキを食す。脂身が少なそうだと思って注文したのだけど、下には仏風芋揚げが。キツイぜ。思い起こせば、最近体調を崩していない。これは「油もの」を外食で極力取らないようにしていることが大きい。その後、浄土複合へ行くも気弱過ぎて入れず(いろいろ理由はある)。ホホホ座さんにてみうらじゅんの松本清張ファンブック『清張地獄八景』(文藝春秋)などを購入。スイスコーヒーさんでは「ガマ口展」をしていたのでチラリ。バスで出町柳へ行き、帰路へ。(真)

8/4日

わざわざ東京から来てくれた取材が終了。今日分かったことは、「今までしてきたこと」への説明は、明らかにうちの奥さんの方が上手ということ。理路整然。「これから」についてはがんばって言葉にしよう。(真)

とある取材で「愛用の品を用意しておいてほしい」とのこと。家人が「コロコロ(粘着クリーナー)にしようかな」というので、止めた。(海)

8/7水

オフィスキャンプ坂本さんと一緒に東吉野村の村長と会談。坂本さんとの共同企画「山學院」開学イベントの報告と今後の展開についてお話。あえて分けるとすれば、ルチャ・リブロは「ラジオ的」で、山學院は「テレビ的」。そういう活動をしていく。（真）

8/8木

鳥取の兄から、美味しい魚届く。相関図を描いた。（海）

8/9金

職場のみんなとちょっとしたご飯会。近鉄大和八木駅前にある老舗の和食定食屋さん「あまき」が好き過ぎるので、「あまきスト」を名乗り出す人が続出中（命名はもちろんワタクシ）。最高！（真）

8/10土

安倍首相の演説中に「増税反対！」と言って警察に取り囲まれた大学生の動画を見る。そこで警察は「法律にひっかかってるとかじゃなくて」「不公平かな？私は不公平だと思わない」「権力なんかない」などと言っていた。そもそも僕は、警察官が醸し出すこの「余裕」が大嫌いだ。その「余裕」は権力によって裏打ちされたものなのに、自分は権力を持っていないという。詭弁を弄するのも大概にして欲しいが、これを本当にそう思っていたらと思うと怖い。もしくは「仕事だから」と言って、人の自由を侵しているのだろうか。高圧的ではない「生ぬるいファシズム」の空気はこういう「普通の人びと」によって作り出されていく。（真）

8/11日

週七日連続勤務終了。タナトス家にて西岡家と一緒にBBQ。宇野重規『〈私〉時代のデモクラシー』（岩波新書）が最高。今後の基底本になる予感。（真）

銀杏を見つけた。タナトス家、西岡家とバーベキュー。（海）

8/12 月

ルチャ・リブロ開館日。小雨が降って久しぶりの涼しさ。マーヴィン・ゲイを聴きながら『ルッチャ』製本。疲れてきたら本を読むという至福の時間。夕方はオフィスキャンプの坂本さんと少しお話。山學院でやりたいことの主軸には「放っておくと消えてしまうものを残すこと」がある、という話に。高度経済成長、バブル経済、失われた二十年を経て、何がなくなり何が残ってきたのか。「コンテンツよりマナー」の訓示を胸に、山村から近代史を総括したい。(真)

8/14 水

文化人類学者の磯田さんと久しぶりのご飯。大和八木駅周辺のカトマンズカフェへ。「腹を割って話す」って、人が人であるためにとても大事だと思う。そんなことを改めて感じられた一夜だった。(真)

8/15 木

昨夜は台風のためいっとき停電があり、月明かりだけが頼りに。ルチャ・リバーもなかなかの増水量。昼間は「見える」から少し安心だけど、夜は水の音がより近く聞こえ不安が増す。そんななか「山學日誌」を校了。本日は終戦記念日。歴史学者吉見義明氏の「一部の誤りを取り上げ、慰安婦問題全体をもなかったことにするのは、歴史修正主義者の典型的な言説」「負の過去は見ない、事実と向き合わないことこそ、日本をおとしめる行為」という言葉に大きく頷く。お昼ご飯はバジル風味のポテサラサンドを作ってもらう。美味！『ルッチャ』製本終了後、小津安二郎「生まれてはみたけれど」を鑑賞。近代社会における大人の悲哀と子供たちの「正しさ」、そして変顔。未だなお通用する、普遍性に貫かれた映画。最高！（真）
台風の影響で停電。停電は村に住んでからよくある。前に土砂災害警戒区域のマップを見たけど、東吉野のほとんど赤か黄だった気がする。とはいえ川底をコンクリにしたり、地下道がある環境の方が歴史浅いんだなぁと。（海）

8/16 木

台風によるさしたる被害はなし。ルチャ・リバーはだいぶ水量が減ったけれど、まだ急流。朝、玄関を開けたら鹿の親子が山の斜面を登っていった。気づかないおくら氏。夜はH.A.Bの松井さん、タナトスさんと初顔合わせのWEB会議。文系で線が細い「特攻野郎Aチーム」！まさかの方向に攻め出す気配。こりゃ先が読めなくて楽しみ。僕も全身全霊で書かねば。しかし離れていても会議ができるなんて便利な世の中だ。（真）

8/17金

昨日は喉と腰が痛くてヘロヘロ。今夜は一度やってみたかったイベント、パブ・ルチャ・リブロ（Pub Lucha Libro）。書架で立ち飲みしたら面白いのではないか、という安直な発想に乗ってくれた戦史・紛争史研究家の山崎雅弘さん。そしてたまたまこのタイミングで連絡をくれた英文学者の白岩英樹さんが栃木から参戦。ツイッターを見てくれた漫画家の元町夏央さんもぶらりと立ち寄ってくれた。話が尽きない。最後は諸星大二郎トークになったのも集まったメンバーと夜のルチャ・リブロという場がなした技かしら。（真）

Pub Lucha Libro。かぼす館長も卓を囲み、不思議なメンバーで諸星大二郎を語る。（海）

8/18 土

小津安二郎「一人息子」鑑賞。僕自身が一人息子なので、なんとも言えぬ想いだった。映画の軸である「偉くなる」「出世する」ことが、単に会社の中で昇進することを意味せず、実を伴っていた時代。終身雇用が終わった今、改めて「出世する」ことの意味を考えなおす必要がある。（真）

8/19 日

H.A.B の松井さんからプレゼントいただいた、東畑開人『居るのはつらいよ』（医学書院）をすぐ読了。むちゃ面白い！職員含め、複数の人間の「こらだ」が行き交う現場の描写をこんな風に書けるとは。ルチャ・リブロ的「土着」概念のポイントも散りばめられていた。（真）

8/21 水

名古屋のヨーロッパ史講義の日。講義前に一人ゲリラ部隊ユージ氏が「入り待ち」。「ルチャ・リブロ・キーホルダー」を手渡してくれた。『彼岸の図書館』のノベ

ルティにしよう。講義終了後はコジさんこと小島崇広さんと「消費、お金、民藝」について語り合う。二時間が二秒で経過。（真）

近所の円さんに助けてもらい、ミシン周りのお片づけ。壁を塗ったり、棚を付けたり。（海）

8/23 金

なんとか金曜日まで辿り着く。僕が普段している、一人ひとりの「内在的論理」と社会の論理に生じる「ジレンマ」を架橋するような就労支援の仕事。本人と社会の「言語」を翻訳するような仕事だと思っている。答えは出ないし葛藤も多く、頭の中を常に風通し良くしておかねばできない。楽しいけど！（真）

8/25 日

『彼岸の図書館』の束見本を夕書房の高松さんがツイッターにアップしたのを見てうれしがりつつ、京都は太秦の日曜書店「ふるふる舎」さんへ。ステキな空間と本のラインナップに癒されつつも、「三沢小橋川田田上」（四天王）の話に。『ルッチャ』納品。その後、以前スウィングさんでお会いしたご縁を訪ねて、梅小路京都西駅から平旅籠ひばり内の本屋「旅耕社」さんへ。夜はオフィスキャンプの坂本家にて、ミスターデンジャーじゃない方の松永光弘さんとお話。ほんとはオムラヂを録りたかったけど、気がついたら深い時間になっていて断念。(真)

京都のふるふる舎さんと、旅耕社さんへ。素敵なお店。(海)

8/26 月

草なぎくんが韓国語を喋っている時とか、僕もイタリア語を片言で喋ってる時とか、タナトスさんがフランス語喋ってるのを見て思ったけど、「自分を出せる言語」ってあると思う。言語をある程度学んで使うと、「本当の自分」なんてないことに気付く。(真)

8/27 火

すっかりひがよは肌寒く。明日から神戸で集中講義。倒れないよう、完走を目指そう。(真)

夕書房さんから、『彼岸の図書館』の表紙が出来上がったとのご連絡。かっこいい。（海）

8/28 水

集中講義初日。午前中の講義の後、竹中大工道具館へ。リニューアルしてから初めて入館。先史時代からの大工道具の変遷やヨーロッパ、中国との違いもしっかり展示されていたし、書棚もさすが。図録も購入。今井照『地方自治講義』（筑摩書房）読了。「地方自治」の概説が分かるだけでなく、「地方自治とは何なのか、どうあるべきなのか」というスタンスで分かりやすく書かれている。「どうあるべきなのか」という理念があると、現状がそこから「どの程度離れているのか」が理解しやすい。（真）

8/29 木

集中講義二日目は産業革命や市民革命の講義をしてから、神戸海洋博物館へ。船の模型がたくさんあるだけでなく、カワサキワールドもむちゃ楽しい。竹中大工道具館と神戸海洋博物館が二駅、三駅の範囲内にある神戸よ。ハピネス。夜は凱風館にて内田樹先生とオムラヂ収録。キーワードは単純主義、公共性、吉田拓郎、加藤典洋、複雑化などなど。『彼岸の図書館』発刊記念ツアー「元気です。2019」のプロローグになり、うれし。（真）

8/30金

神戸の集中講義を終え、梅田蔦屋書店の三砂さんご家族とルチャ・リブロ常連のハヤシさんとご飯。ひがよの夜は完全に秋。大きな都市と違い、旧暦が体感できる環境にグッとくる。（真）

お客さんが庭に植えてくれたシュウカイドウとギボウシ、鹿に平らげられた。（海）

8/31土

今日は奈良市内で茂木ヒデ氏と「1983年生まれのB面史」打ち合わせ兼オムラヂ収録！茂木ちゃんとは1983年生まれ埼玉育ち奈良在住伊集院光氏ファン

であリつつ、「人文」という共通項がある。今回は1983年からの六年間しかおしゃべりできず。この「83年生まれの振り返り」は個人史、90年代史、人類史を含んだものとして、ぜひ形にしたいと思っている。ぼくが「のほほん」と生きられたのはパーソナリティか家庭環境か時代のおかげか。さまざまな要因があると思う。

（真）

儀式で遊びで、救済で

ビジネスホテルに宿泊する際などに、お風呂とトイレが、よくあるユニットバスだったとします。変な話で恐縮ですが、私は一回一回外に出ないと、お風呂とトイレを切り替えることができません。トイレを終えたら、一度浴室のドアを開け客室に出て、再び入り直さないとお風呂としてその場を使えないのです。タオルや着替えがバッチリ用意してあったとしても、必ず一回（浴室の）外に出ます。もはや儀式。でも、私にとっては必要な儀式なのです。

実はルチャ・リブロでも似たようなことをやっています。お客さんを見送って閉館作業をひと通り終えると、閲覧室に寝っ転がって休憩します。それで「今ここは、自分ちになったぞ」と確認しているようなところがあります。自分自身も、司書から家族の構成員に変化するような感覚があり、何なら少しばかりの睡眠を要したりします。かぼす館長とおくら主任も何となく「家になった」ことが分かっていて、途端に甘え出したりします。お客さんがいる時はやっぱりシャキッとするのか、館員の膝で寝たり、寂しがって館員を呼んだりはしないのです。

そもそも、ただの民家を図書館と言い張って、「開館してます。ご来館お待ちしてます。」と開け放つこと自体が、もう儀式か、見立て遊びのようなものです。でも儀式を経ると、本のホコリを払って掃除機かけて、お客さんが山奥に、1日4〜5人くらい足を運んでくれる。私も司書席に座って、本の話ができるし、誰かを待っていることができる。儀式や見立ての中にいると、そこに生じる一定の役割を果たすことが許される訳です。おそらく当館を訪れる方も同じで、「本がたくさんあるので、いつでも遊びに来てください」と誘うより、「明日は開館しています。お待ちしております」と伝える方が、「私設図書館の来館者」として足を運びやすいのではないかと思います。お互い見立ての中の仮初めであっても、ある役割を担っているからこそ、普段の鎧を外して軽やかに話すことができるかもしれません。そしてそんな儀式に付き合ってくれるお客さんがいること自体が、自分たちにとっての救済だと思います。（海）

9/1日

今日はクリーンデイ。地域の方々と一緒に沿道や川筋をゴミ拾い。なんてことない行事だけど、地域に「目を配る」ためにも、定期的にご挨拶するためにも必要。昨日は茂木ちゃんからルチャ・リブロは大滝詠一感があると言われ、今日もご来館くださった方から福生45スタジオと凱風館とルチャ・リブロがつながっている感じがすると言ってもらった。光栄の極み！ そして『BRUTUS』「サンソン特集」を教えていただいたので、ポチリ。（真）

シソ採りに行って、シソ餃子。久々にゴジを見かけ、主任がちぎれそうなほど尾を振った。（海）

9/2月

『H.A.B ノ冊子』第三号、ますます面白い。楽しみにちびちび読もう。『街灯りとしての本屋』（雷鳥社）も少しずつ読む。松井さんが学生時代、ディズニーランドで働いてたことが一番のニュース。（真）

庭でお茶を摘んでいたらカマキリを見かける。見かける虫が少しずつ変化す

る。毛虫が夏の季語というのも実感。旧暦がしっくり来る。小国の伊澤さんから、ニューヨーク公共図書館のお土産届く。（海）

9/4 水
タナトス家にお邪魔して、教えてもらいながら陶器でブローチを作る。今まではオーブン陶土だったので勝手が違う。（海）

9/6 金
ルチャ・リブロの大家さんご夫妻と食事会。僕たちの活動をとても応援してくれている。『彼岸の図書館』にも、大家さんとの「運命的な」出会いについてエッセイを書いた。血縁だけが「家族」の要件ではないし、そもそも家族間にも他人に対するような敬意が必要だと思う。（真）

9/7 土
今日は神吉夫妻が遠路はるばる来てくれて、清谷寺にて打ち合わせ。清谷寺さん

とルチャ・リブロは「彼岸同盟」を結んでいるのだ。夜は温泉へ。（真）

9/8日

僕たちは「自分たちの本棚」を開いている。これは僕らの趣向や知の源泉を開示することであり、ある種「弱みを見せること」に等しい。でもだからこそ、来てくれた人は安心して肩の力を抜いて「自由を感じられる」のかもしれない。世の中では手の内を悟られないように、自分の底を見せないように振舞うことが多い。競争に勝つことだけを念頭に置くと、確かにそうならざるを得ない。ただそのような競争の先には、本当の意味で「持続可能な」ものは生まれてこない。人が大いに力を発揮するには、「安心」が不可欠だと思っている。（真）

9/9月

先日は神吉夫妻が来てくれたのに、体調悪く寝ながら打ち合わせ。今日一日、寝果てて復調。ギボウシも復調。（海）

9/10火

『彼岸の図書館』の刊行を待ちながら、次の冊子の製作をちびちびと開始。ルチャ・リブロにある本とルチャ・リブロにゆかりのある方々を同時に紹介してしまおう！という趣旨。冊子の名前は『りぶろ・れびゅう』。とある伝説的ZINEにオマージュを捧げて。（真）

9/11水

久しぶりに片道約一時間かけて橿原イオンモールへ。本屋さんに行ったら、橋下徹氏の「トランプに学べ本」やホリエモン氏の本が一番目に付くところに平積み。すぐ帰りたくなる。（真）
お客さんに「怪異と脅威」展図録を見せてもらう。当館を脅威の部屋っぽくして行きたい。（海）

9/12木

昨年この辺りも、なかなか停電が復旧しなかったり、道が落ちたところもあった。

その時のことも、あまり報道されなかったのだな。（海）

9/13 金

映画「トールキン 旅のはじまり」を映画館にて鑑賞。素晴らしい作品だった。『指輪物語』誕生の背景としても、19世紀後半から20世紀前半の英国についても、第一次世界大戦のもたらした悲劇を知る上でも、そしてドラマとしてだけ観ても面白い。フィクションとノンフィクションが良い意味で入り混じった、良質な映画だった。（真）

「トールキン 旅のはじまり」を観る。トールキンが学んでいた学校、大学の図書館が美しい。（海）

9/14 土

凱風館での鹿島茂先生と内田樹先生の『ルイ・ボナパルトのブリュメール18日』を巡る対話を聞きに行く。改めてナポレオン3世や第二帝政のことを学ばねばと思った。そして鹿島先生に山學院のアイデアを話したところ、それならフーリエを

読め！とアドバイスをもらう。（真）

9/16月

斎藤幸平編『未来への大分岐 資本主義の終わりか、人間の終焉か？』（集英社）、顔写真がたくさん載ってるカバーのせいで敬遠していたけれど面白い。「選挙運動だけがデモクラシーの手段ではない」（意訳）まさにそう意味でルチャ・リブロはデモクラシーの実験室。（真）

9/17火

中村雅俊氏があんな歌い方なのは、やっぱり桑田佳祐氏の影響なのだろう。（真）手にアイスノン握る夜、虫の音に混じり鹿の声。（海）

9/18水

名古屋でのヨーロッパ史講義、無事に終了。振替の関係でまた来週も。その後名古屋から大阪へ。梅田蔦屋での『分解の哲学』（青土社）刊行記念、藤原辰史さんと津村記久子さんのトークイベントを聞きに。分解は生物にとって当たり前なのに対し、社会における「分解」的行為に人が「恐怖」を覚えることの対比など面白かった。（真）

9/19 木

「ハトメパンチ」って必殺技みたいだ。HOSHIDOさんとのコラボブックカバー、閉館中にチクチクしてようやく発送できそう。（海）

9/20 金

仕事の後は、奥大和クリエイティブ・スクールへ。僕はクリエイティブとはほど遠い人間だけれど、「彼岸の図書館」ルチャ・リブロの活動とともに、ローカルデザインも視野に入れた「此岸のアカデミア」山學院の活動のために学ぼう。3.11後、ボランティアに連れて行ってくれた岡本篤さんと再会。（真）

9/21 土

早朝ひがよを発ち東京へ。夕書房高松さんとの『彼岸の図書館』発売前の営業と、夜は松井さんとのイベントのため。まずは新日本プロレス野毛道場近くの二子玉川蔦屋書店にて、コンシェルジュの北田さんとお話。プロレストークに花が咲き、これだけで満足！　それから神保町の東京堂書店さんへ行き、パクチーが乗ったおいしいラーメンを食べる。夜は『彼岸の図書館』刊行直前トークイベント「白黒つけない暮らし」をReadin' Writin' さんにて。「トンファーの達人」宇野くん、研究室の先輩上田さん、「じゃない方の」坂井くん、元同僚の角光さんが同じ空間にいて、なんだかそれだけで楽しかった。しかし『彼岸の図書館』は白黒つけなさすぎて、書店で「どの書棚に置いたら良いか分からない」問題が起こっている模様。今後イベントのことを「説明会」と呼ぼう。（真）

9/22 日

永遠のスタァ、てっぺいちゃんこと石井竜也氏が還暦を迎えたことを知る。感慨深い。おめでとうございます！「わが町」浦和にて書店さん営業。創業一四〇年を誇る老舗、須原屋本店で『彼岸の図書館』を扱っていただくことになり、うれし。昔から通っていた本屋さんに自分たちの本が置いてもらえるなんて、ハピネス。その後、元同僚の角光さんと合流し、後学のために都立中央図書館へ。優先すべきは「オシャレ」ではない、非常に真っ当な図書館。地域に開かれ、また地域の知を継承、共有することを第一義に置いていて、図書館はデモクラシーの砦と言われるけれど、これからの時代、図書館は本当に必要になってくると思った。その後は隣町珈琲へ。今日も平川さんにご挨拶できず、かき氷を食べて栗田さんとプロレス談義。『ルッチャ』に続き、『彼岸の図書館』も隣町珈琲で取り扱っていただけることになり、うれし。そして夜は『H.A.B ノ冊子』飲み。『H.A.B ノ冊子』こそ自由!!権力はないけどほどほどの自由を感じているメンバーが集合。ビールを浴びてガラスが靴の中に入るハプニングがあったけど、むちゃ楽しかった。松井さん、とんさん、小野寺さん、ありがとうございました。実家へ帰る。(真)

9/23 月

昨夜の『H.A.B ノ冊子』飲みは楽しかった。なんだろう、僕らに共通する「芯はあるけど自信がない感じ」は。別に自信がないから悪いわけではないんだけど、確信が持てないからコツコツやることやるっきゃないっていう、自信がなくて声は小さいけど、前向き。朝方浦和駅を発ち、ひがよへ帰る。夜はとほんの砂川さんとオムラヂ収録。楽し。（真）

真夜中に刺繍。館長が窓の外を覗いたら、鹿が叫んで逃げて行った。威厳すごい。おくら主任はスヤスヤ。（海）

9/25 水

名古屋のカルチャーセンター講義終了後、ちょうど同時刻に名古屋で講演をなさっていた内田樹先生と合流。お茶とケーキをごちそうになり、散会。この時の話題で都市一極集中対地方分散型の未来ヴィジョンの対決は、小泉進次郎氏対山本太郎氏に表されるというお話があって面白かった。小泉進次郎氏が具体的な言葉を持たない（能力的に持っていないのではなく、持たない方が都合が良い）一方、山本氏の対話力よ。『彼岸の図書館』が「地方分散型シナリオ」の中でがんばる方々のプラットフォームになることを祈って。（真）

HOSHIDOさんが、ブックカバーにハッとするような文章「ドーナッツの種」を付けてくれた。（海）

9/26木

TBSラジオのSession-22「小泉環境大臣の発言、16歳のグレタさんの訴えが注目。国連気候行動サミットで何が議論されたのか?」を聴く。斎藤さんがおっしゃった「今の生活が2100年になってもなお続いていると思っている方が空想的」という言葉が印象的。富裕層が得をする現在のシステムを抜本的に見直さないと、これからの世代が「今の生活」すら続けていくことは難しい。まずは正しい現状認識を共有したい。（真）

9/27金

今日でやっとこさ今週の仕事が終了。働いた後に「何か書きたくなる」ような仕事をしたい。これは仕事それ自体の問題じゃなくて、やり方の問題なのだろう。たぶんいろいろやる方が自分には向いている。お夕飯はモスバーガー!!（真）

9/28 土

戦後日本において、今ほど「言葉」が軽視され、「空気」「感情」が支配する時代はなかったのでは。「人文知」はデモクラシーの基礎を作る。（真）

夜の散歩中、主任がシマヘビにちょっかい出そうとするので止めた。（海）

9/29 日

今朝は神戸のスタバで朝ごはん。気分はとってもグローバル！しかし高いわ。内田樹先生の古希のお祝い会に出席。賑やかしも無事に遂行、ご無沙汰していた方々にもご挨拶できた。May the Force be with you…（真）

神戸に住んでいた頃、よく集まった面々と会う。文化住宅の一室（当時のわが家）に集って、意味わからんことを一生懸命。本棚横目にあーだこーだ話した原体験。（海）

9/30 月

『彼岸の図書館』完成！（真）

どこに居たって暮らしはある

「移住」と名のつく本を夫婦で上梓しました。しましたが、「皆田舎で暮らすのが最良だ」とか、「ていねいな暮らしが理想的じゃ」とかいう風に考えている訳ではありません。（『彼岸の図書館　ぼくたちの「移住」のかたち』も、特にそういう内容の本ではなく、「移住」もカッコつきなのです。ヘロヘロの夫婦が命からがら逃げてきた、というヘロヘロからがらの話です。）ていねいな暮らしと、ていねいじゃない暮らしがある、という分け方じゃなくても良い気もする。それに、どこに居たって、日常というか暮らしはそこにあると思っています。

ある年に怪我をして、４ヶ月ほど病院で暮らしていた時期がありました。その内１ヶ月は、集中治療室で寝たきり。寝たきりなのでメガネやコンタクトもせず、ぼやけまくった視界で過ごしました。気管切開をしていたので声が出せず、話をすることもありませんでした。集中治療室は大部屋で、急変に備えてカーテンも引けなかったので、いろんな患者さんの様子がぼんやり見えたり聴こえてきました。

自分でお腹を刺してしまった人や、「痛い」と叫び続ける女の子、急性アルコール中毒の人。救急科なので、いろいろ大変といえば大変でした。とはいえそんな中でも、どこまでも人間は人間として営もうとするんだなぁ、と感じる時々がありました。お腹を刺した人は、運び込まれた翌日には一般病棟に移動になりました。前日には精神的に参っていたせいで息が苦しそうでしたが、移動する時、近くのベッドだった私に「はやく良くなりますように」と声をかけてくれました。「痛い」と叫んでいた子は痛くない時に、きゃりーぱみゅぱみゅを何度も聴いていました。転院先でも聴いてるかな。急性アルコール中毒の人は、目覚めて状況が飲み込めないまま、「なんか、すいません」と看護師さんにとりあえず謝っていました。私は寝たきりでしたが、寝たまま乗れるリクライニング式車椅子に移動させてもらって、小さな中庭に行くこともありました。集中治療室は地階でしたが中庭は吹き抜けになっていて、頭上に病院玄関の植え込みや、空が見えました。ここに連れてきてもらうと、言葉に出せないけれど「風が気持ちいい」と思ったり、季節の変わり目を感じたりしました。当たり前といえば当たり前なのですが、「(身体が) こんな風でも、風が気持ちいいと感じられるんだ」とびっくりしたりしました。徳島出身の作家・富士正晴のこの言葉が、しっくり来ます。

戦後の生活も一向にぱっとしたものでなく、大凡軍隊にいた頃のわたしの生活と大してかわらず、何とか今まで飯は食えて来たが、何時食えなくなっても不思議でないという暮しであり、……（富士正晴『富士正晴集（戦後文学エッセイ選7）』影書房 2006 p.60)

戦中戦後のあのやり切れぬ政治状況の中で、地位も財産もない人間は「首が飛んでも歩いてみせた」から今生きているのだとも思う。(同上 p.117)

どこにどんな風に暮らしていても、はたからは過酷に映っても、人間らしいというか、ちょっとのんきな本性みたいなものがほころぶ瞬間がある。それがある内は、まだ何とかやっていけるんじゃないかと思います。(海)

10/1 火

夜は『彼岸の図書館』にも登場、オフィスキャンプ坂本さんと冬の山學院の打ち合わせ。なにやら坂本さん、月一で鳥取県の智頭町に行っているそう。先日タルマーリーさんも東吉野村にいらっしゃったとか。（真）
『彼岸の図書館』届く。お客さんが居合わせていて、早速お買い上げ一冊目。有難い。立派な角を蓄えた鹿までも、庭にご来館。（海）

10/2 水

『彼岸の図書館』とほんさんへの納品分に、一丁前にサインなぞを書く。なんだか申し訳ない気持ちで筆を走らす。サインを書いているうちに「サイン」が出来上がってきてしまい、どんどん変化してしまった。というわけで、とほんさんでは激レア「原サイン」本と「現サイン」本が販売中。（真）

10/3 木

『シャイニング』を一人鑑賞。白黒つかないところがよかった。昨晩は、外から

水音がした。庭に来ていた鹿かな？（海）

10/4 金

今日で一週間が終わり、平日のお仕事も何とか終了。しかしこの一週間は職場でいろいろなことがあった。他人と比べたり、自分の非力を嘆いてみても状況は良くならない。まずは無理せず続けられる仕事があれば、それで御の字。人生は長期戦。（真）

10/5 土

香港で議会を通さずに緊急制定された、デモ参加者がマスクなどで顔全体を覆うことを禁止する「覆面禁止法」に、断固反対。このような形で人びとの声を封殺する香港政府のやり方が事態を収束させるとは思えない。でも確かに、「覆面」と「自由」はルチャ的にも結びつく。香港のデモもそうだけど、為政者側が誤っているのは、システムの上でしか物事を考えていない点。システムに依拠するのは変化が少ない時。反対に、変化が多い時はシステムを運用している「人間」まで立ち返る必要がある。現在は既存のシステムにしがみつこうという人たちと、「そもそも人間とは何か」を問う人たちに分かれているように思う。『彼岸の図書館』はそんな見取り図と実践の書。（真）

冷えてきた空気に慣れるまで、寝込みがち。金属入りの首が特に疲れる。『X-men』のウルヴァリンも、もっと暖かい格好したら良いと思う。（海）

10/6日

今日は『ルッチャ』製本、オフィスキャンプ東吉野へ『彼岸の図書館』納品を行った。さらに毎日新聞の萱原さんの取材など盛りだくさん。その合間に来春発刊予定の『ルッチャ』第四號の巻頭エッセイを書き書き。斎藤幸平編『未来への大分岐』から大いに影響を受ける（特にマイケル・ハートのとこ）。夜はタナトスさんと温泉へ行き、その後トマオニへ。ステーキを食べたが、決して毎日食べてるわけじゃない。（真）

HOSHIDOの佐藤さんが、ブックカバー早速旅立ったと教えてくれた。嬉しいな。手を動かさネバダ。（海）

10/8 火

今日は昼から東京へ。H.A.B の松井さんに Title さんに連れて行ってもらう。念願だったフルーツケーキを食べることができた。その後は青山にて11月に行われるキャンプイベント「森の生活」の打ち合わせ。YOURS BOOK STORE の染谷さんと深井さんと。消費から離れてゆったり思索するイベントとのことで、ルチャ・リブロとも共通するところがある。夜の内田樹先生とのトークイベントは珍しく緊張。人前に出たら大丈夫になったけど、あんな緊張は先日のカンプレックスぶりだった。川上牧師をはじめ、東京書籍の岡本さん、ライターの北沢夏音さんという、神戸時代に本当にお世話になった方々が一堂に介して、とてもほっこりした打ち上げに。（真）

お客さんとお話していたら、天井裏でバタバタ音が。誰や。ミニゴジも、軒先までご来館。色んな子が来るな。（海）

10/9 水

都内某所、凱風館セカンドハウスにて目覚める。昨夜、内田先生と一緒に帰ってきて、飲みながらもうちょいお話。「図書館の話も面白いけど、就労支援の話はもっと面白いね！」との言葉をいただく。図書館も限界集落への関わりも就労支援も「ケア」という視点が不可欠だと思っている。来年は「ケア」と向き合いたい。小熊英二『地域をまわって考えたこと』(東京書籍)読了。「地方移住」を歴史的文脈を踏まえた上で書かれている。元々『TURNS』で連載していたが、版元の方針変更で打ち切りに。「地方移住」を食いものにしようとする人たちにとって、小熊さんの「誠実さ」はお邪魔だったのだろう。今の世界的な政治状況は、現在のシステムに「しがみつきたい人たち」が強いリーダーに頼っているという、末期資本主義的状況。人口減少や環境負荷を考えても、現在のシステムに「持続可能性」があるとは思えない。日本各地で未来を生きるための実験が行われている。本気でそちらにシフトするべき。久々に満員電車を体験。息ができなくなったけれど、ひがよに帰ってくると深く息が吸えた。(真)

10/10 木

「破壊」という暴力的な心情、衝動やそれによって生み出される作品について

「理解」はすれど「共感」はない。やはり社会を見るにつけ、もうこれだけ「ぶっ壊れてる」のにまだ壊すのかよ、というのが正直なところだし、これは全く個人的な気持ちだけど、全く「カッコ良い」と思わない、昔から。(真)

10/11 金

『彼岸の図書館』を買ってくれた人が「どんな本やどんな物と一緒に買ってくれたのか」とか、本屋さんが「どんな場所にどんな本と並べて置いてくれているのか」を知るのが面白い。『彼岸の図書館』自体のジャンルが多岐に渡るので、初めてそこで「文脈」が出来上がり、それぞれの意味づけが始まる。(真)

10/12 土

土砂災害のため、避難準備のアラートが。『在野研究ビギナーズ』(明石書店)や与那覇潤さんの最近のご著書を読んでいても思うことがあるけど、自分の肩書きとか「自己規定」とか、みんな大変。でも社会がそういう個人のあり方を求めているし、僕自身そういうとこで苦しんでいたことがあった。「勝手にはじめる研究生活」は良いワード。今日は一日中だらだら何度も昼寝をしたり、スーパーカップとポテチとチョコパイを食べたり、夜はチューハイを飲んだり、暴飲暴食の限りを尽くす。溜まっていた「有田と週刊プロレス」も観た。そしてルチャ・リブロのゲリラ部隊から情報を頂く。阪急梅田駅すぐの紀伊国屋書店入り口すぐに『彼岸の図書館』が！ステキなポップをつけてくれているけど、まさか10月の開館日やオムラヂのツボを抑えた紹介まで。このポップを書いてくれた書店員さん、只者じゃないな。(真)

10/13 日

今夜はタナトス家が『彼岸の図書館』刊行を祝してくれた。鳥取から義兄が送ってくれたお魚をワインで。はぴねす。(真)

タナトス家が出版祝いにワインとお花と、ケーキを持ってきてくれた。(海)

10/14 月

急遽伊丹市立美術館にルート・ブリュック展を観に行くことになる。お昼に大人気のうどん屋さんにて行列に並び、阪急三番街ではパフェを食す。この連休は暴食の限りを尽くしている。帰りは梅田蔦屋書店にチラリ。書店関連のイベントをしていたので、蔦屋書店の三砂さんはもちろん、二子玉の北田さん、ON READINGの黒田さんはじめ、みなさんにご挨拶できた。そして『彼岸の図書館』も二ヶ所に置いていただいていた、ありがたや。帰って新日本プロレス両国大会をネットで観戦。ライガー対みのるに号泣！（真）

いくみんと家人と、ルート・ブリュック展へ。すんばらしかった。沢山歩いて沢山食べて大笑いした日。（海）

10/15 火

この冬発刊予定の闘本（ルチャ・リブロ）的蔵書案内『りぶろ・れびゅう』。ぜひこの本でルチャ・リブロの雰囲気を感じてもらえたらと。そして読んだことがなかった本の存在に想いを馳せてもらえたら。紹介する本の著者は、岡本綺堂、久坂葉子、前登志夫、エドワード・サイードなどなどなど。なかなかシブい！（真）

10/16 水

名古屋にてヨーロッパ史講義を終えた後、天神堂小島印房のコジさんに乗せてもらい、ちくさ正文館書店本店へ。嶋田学『図書館・まち育て・デモクラシー』（青弓社）と『彼岸の図書館』が並べて置かれていた。近くにはチェ・ゲバラが！しびれるぜ。その後はらくだ書店本店さんへ。街の書店と専門書店のちょうど真ん中をいく、まさに「ちょうど良い」書店。ここでは木澤佐登志『ニック・ランドと新反動主義』（星海社新書）と『彼岸の図書館』が並べられていた。書店巡りの際、『彼岸の図書館』とどの本が並べて置かれているのかという「文脈」を探る楽しみを発見。（真）

10/20 日

安聖民さんによるパンソリライブ。初の音楽イベントを通じて、ルチャ・リブロのライブハウスとしての可能性に気づく。僕らが山村にルチャ・リブロを開いたことで自らの言葉を獲得したように、安聖民さんの卓越した身体表現がルチャ・リブロという「場」の可能性を引き出してくれた。（真）

10/21 月

高松市の本屋ルヌガンガさんが『彼岸の図書館』を紹介してくれていて、改めて気がつく。この本は何かを得るためではなく、「手放すこと」(あえていうなら「中動態」的に)に主眼がある。だから「移住」自体に興味がなくても、ぜひ能動/受動の二項対立を越えたい人に読んで欲しい。(真)

10/22 火

期せずして仕事が休み。こういう時間を大切にしよう。とにかく原稿を書かねば!といいつつ、布団の上でゴロゴロリ。夜は映画『ジョーカー』を鑑賞。百パーセント「社会が悪い」という話。確かにそうだし、僕もそう思う。でも社会が悪いからといって全員が反抗するとは限らないし、反対に社会がどんなに良くたって凶行がなくなるわけではない。「狂気」はロジックで解き明かせない「空白」に生まれるのではないか。「ダークナイト」のジョーカーを想定しすぎたこともあるかもしれないけれど、そもそもこの映画は説明し過ぎている。(真)

映画『ジョーカー』を観る。皆が「そりゃ仕方ないね」と頷ける理由のある行動

は、狂気ではないんじゃないかと。「だからって⁈」みたいな飛躍が欲しかった。ルチャ・リブロの方が飛躍力だけはある。（海）

10/23 水

合気道を通じた就労支援。就労支援として合気道を始めてから苦節四年余り、ついに法人内に経験者の協力者が現れてくれた。細々とでも続けていて良かった。精神疾患を抱えている方と発達障害の方では「グッとくる」ポイントが違うけれど、無理せず続けることができる身体づくりを。月に一度は凱風館にもお邪魔したい。（真）

10/24 木

京都の誠光社さんで内田樹先生とトークイベント。「本屋の新しいあり方を提案すべく始めた、ささやかな実験」である誠光社さんでのイベントは、「経済原理とは別の原理が働く場をつくる実験」であるルチャ・リブロとしても光栄。（真）
誠光社さんで、『彼岸の図書館』刊行記念トーク。内田先生の風邪、悪化しませんように。堀部さんと打ち上げでの映画トーク、楽しかった。『ジョーカー』を「狂気」じゃなく「笑い」の映画として観る、という見方は目から鱗。(海)

10/27 日

奈良県大和郡山市のとほんさんにて、協同イベント「オムラヂとほん」の四回目。ゲストの生駒あさみさんとはゆっくりお話ししたことがなかったので、これを機に公開で「聞きたいことを聞こう」という趣旨。懇親会も大盛り上がり。僕はトークを通じて、「言いたいことを言えて、聞きたいことが聞ける場」という「場ならし」ができたら良いと思う。メインは懇親会でも良いじゃないか。(真)

生駒あさみさんをお迎えして、「オムラヂとほんvol.4」。開催して良かった、と特に思った回。京終やまぼうしさんと、「これ(カフェ)で食べてるわけじゃないけど、本気で遊んでるんだよね」という話で盛り上がる。(海)

10/29 火

公立図書館の方々が受講する「日本図書館協会ステップアップ研修」でお話。

あぁ長かった。中には『彼岸の図書館』を持っている方々もチラホラいらっしゃった。またもやサイン。その後、鍼をしてもらってから帰宅。また明日から土曜日まで仕事。(真)

10/30 水

諦めよう! いったん、諦めよう! 才能を諦め、境遇を諦め、今日を諦めよう! 諦めて、寝よう! (真)

研究ノオト

山という「異界」

ルチャ・リブロは陽当たりが悪い。

僕たちが東吉野村に引っ越すにあたり、周囲の木を切ってくれるよう大家さんが山の持ち主に頼んでくれていた。話はとんとん拍子では進まず、結局二年目の秋口にやっと伐採が始まった。田舎では何事もすぐには進まないから、早かった方なのかもしれない。

前よりはだいぶマシになったのだが、ルチャ・リブロの陽当たりは悪い。勘違いしないで欲しいのは、別に非難しているわけではないということ。なぜなら僕たちはこの「陽当たりの悪さ」を求めてここに移り住んだから。洗濯物が乾かなかったり、冬は室内より外の方が暖かかったりするのだが、それでもやはりここが落ち着くのだ。僕たちは「籠もる場」を求めていたのだ。

農業地域類型によると、東吉野村の全域が山間農業地域に属する。田んぼが広がる場所は平地農業地域に属するし、斜面だと中間農業地域になる。例えば同じ「地方移住」と言ったって、農業分類が異なれば周辺環境はだいぶ変わる（当たり前だけど）。農業をしたいのであれば平地農業地域に越すべきだし、林業がしたいのであれば山間農業地域に移り住む。問題は、僕たちのように「籠もる」ことを求める人間は、どこに行けば良いのかということである。

古来、日本人にとって山は「異界」であった。異界はこの世ではない場所であり、死後の世界をも意味した。このような考えは「山中他界（異界）観」と呼ばれ、山林はかつて「アジール」であったとも言われる。歴史学者の網野善彦氏によると、アジールは「無縁の場」であり時の統治権力が及ばない場所のことをいう。

私は、中世前期には、山林そのものが——もとよりそのすべてというわけではないが——アジールであり、寺院が駆込寺としての機能をもっているのも、もともとの根源は、山林のアジール性、聖地性に求められる、と考える。（中略）平安初期、九世紀以降、僧侶の山林修行は公認され、多くの寺院が山林に建立されるようになった。そうした寺院は、多少ともアジールとしての性格をもっていたと思われるが、なかでも有名なのは高野山である。戦国期、ここには「遁科屋」(たんくわ屋)が存在した。それはいかなる罪科人も、この門の中にふみ入れれば、その科を遁れうるという建物といわれ、高野山のアジール的性格を物語る最もよい証拠とされているが、こうした特質の源流は、やはり山林そのものの聖地性に求められるのではなかろうか。(網野善彦『[増補]無縁・公界・楽』平凡社ライブラリー 1996 p.127-128)

網野氏の記述から、かつて山林には罪を犯したものが逃れることができるキャパシティがあったことが伺える。山村での暮らしが長い哲学者の内山節氏も、かつて「山上がり」という風習があったことを述べていて、共通する部分がある。

上野村の人たちが、「昔は〈山上がり〉という習慣があってね」と私に話してくれたことがある。昔、といっても、それは一九五五(昭和三十)年頃までつづいていた。

その頃までは、たまに、いろいろな理由から経済的に困窮してしまう村人がいた。こんなとき村では、〈山上がり〉をすればよい、といった。〈山上がり〉とは、山に上がって暮らす、ということである。森に入って小屋をつくり、自然のものを採取するだけで、たいていは一年間暮らす。その間に、働きに行ける者は町に出稼ぎに出て、まとまったお金をもって村に帰り、借金を返す。そのとき、山に上がって暮らしていた家族も戻ってきて、以前の里の暮らしを回復する。

現在の私たちの感覚では、ずいぶん悲惨な緊急避難という気もする。ところが村人は、「そんなことはないよ」という。「むしろ逆だよ。昔は山にさえ上がれば、一年や二年、一銭もなくたって暮らしていける、という気楽さがあった」(内山節『里という思想』新潮選書 2005 p.36-37)

かつて里で暮らしていた人たちには、山という「逃避場」があった。とはいえ、当時山の中で一銭も使わずに暮らしていけたのは、きのこや山菜などの知識、川魚の捕り方、どんぐりのアク抜きの方法など、さまざまな能力が人びとに備わっていたことがある。また現在とは自然環境が大きく異なることも挙げられるだろう。しかし実際に「もう一つの世界」の存在を感じながら生きることは、ある種のセーフティネットになったことは想像に難くない。つまり「これがダメでもアレがある」と思える心持ちが、「安心」をもたらしたのだ。

里と山を対置させて考えた時、里で生きるのに必要な能力は「お金を稼ぐ力」であり、山で必要なのは「お金がなくても生きていける力」だ。しかし現代社会はそうではない。「お金を稼ぐ力」ばかりが求められ、あたかもそれだけが人間の力だと思わされている。たしかに、このような社会の在り方が僕たちをしんどくさせている。とはいえ問題は、「お金を稼ぐ力」が必要ないとしても、「お金がなくても生きていける力」が必要になってくることだ。いずれにせよ、力がなくては生きていくことはできない。「お金がなくても生きていける力」の一例として、内山氏の記述から分かるのは「環境を活かす力」がある。では「環境を活かす力」とは何だろう。

僕たちの暮らす「都市」は限界を持たない。特に近代都市は科学という普遍的な方法によって自然を制圧し、人間が生活するための場所として建設された。「普遍的」とは限界を持たないという意味だし、この方法によって作られた場所を基本としたアイデアは、どこまでも無制限に拡大、飛躍していく。しかし環境は必然的に限界を持つものである。だから「環境を活かす力」を得るためには、「限界の中で考える」という作法をまずは身につける必要がある。

そもそも僕たちは、どのような「環境」に生きているのか。どこまでを「環境」に含めるのか。人間だけではなく、死者、犬、猫といった「家族」に近いもの、家の中に侵入してくるカマドウマやアシダカグモ、カメムシ。天井を走り回るネズミやテン（おそらく）。庭先に現れるサワガニやカエル、トカゲ。家々を飛び回るヤマガラ。刈っても生えてくる草花をはじめ、台風で落ちてくる大きな枝、枯木など。身近な範囲では全てを含んで初めて「環境」と呼べるし、これら全ては寿命がある。つまり「有限性」こそが、「環境」を考える出発点となる。

しかし現在の社会は人間だけを中心に設計されている。その人間も合理的な判断ができ、周りといさかいなくうまく交流でき、所得を稼ぎ、税金を収め、国家に貢献できる人間、つまり「生産性のある人間」だけが正規メンバーとされている。このような社会は明らかにおかしい。ではおかしな社会はぶっ壊せば良いのだろうか。そうではない。「生産性」という単一の尺度だけで計ることは、決して実りをもたらさない。自分のできること、できないこと、向いていること、向いていないことと対峙しながら、理想の社会を構想しつつ協動していく。このような力が、これからは必要になってくる。

人間が暮らすために作った「都市」では、全てのものが情報化され、合理的に生きていくことが求められる。しかし生物は合理的なだけではなく、不合理の部分を多く持っている。「不合理の部分がある」ことを前提とした上で、人間だけが暮らすのではない、生き物が暮らすための場を基準に考えていくこと。例えば「山」だ。山はかつて里に対置され別の原理が働いていたように、これからの社会にも「もう一つの世界」を有することが必要だ。そのためには、かつて異界でありアジールでもあった「山」に目を向けることが不可欠なのだ。

「もう一つの世界」のことを哲学者のアントニオ・ネグリとマイケル・ハートは「公」でも「私」でもないもの、「コモン」と呼んだ。文化人類学者の小田亮氏は、1970年代に豊前火力発電所建設のための埋立て反対運動を起こした作家の松下竜一氏の思想を頼りに「コモン」が生成するヒントとしている。

一般化され人数に還元できない単独の経験・心情、たとえば父子家庭で育った若い女性が、父親と二人で海岸へ行って父親が魚釣りをしている傍らで居眠りをしていたこと、子供たち同士で貝殻を使って「ままごと」遊びをしたこと、思春期になり父子家庭ということもあって嫌なことがあると海に行って海に語りかけたことなどの証言を重ね合わせることで、人々のあいだでの共鳴が起こることを狙っていたのである。海という〈コモン〉を基盤として、単独性同士が共感によってつながり、新たな〈コモン〉が生まれていったのである。このことは、単独性が〈コモン〉においてのみ顕在化し、またそれらがつながることで〈コモン〉が生成していくことを見事に現わしているだろう。(小田亮「アクチュアル人類学宣言！対称性の恢復のために」『社会人類学年報』vol.40 2014 p.14-15)

「もう一つの世界」である「コモン」が生成される際に重要なのは、「一般化され人数に還元できない単独の経験・心情」が共鳴していくことである。単に「そこに山があるから」では「コモン」にはならない。一人ひとりの経験、心情が「山」を舞台に語り合われる時、「有限性」を基礎に置いた「もう一つの世界」が立ち上がっていくのである。(真)

11/1金
卯城竜太、松田修『公の時代』。アートの文脈には詳しくないけれど、「大正」に着目せねばという本書の動機も現代社会への違和感にも共感。政治やアートや社会や経済が「大文字」で語られてしまうことが問題。全部「生活」じゃねぇか。夜は二回連続、奥大和クリエイティブスクールに行けなかった。まさかこれほどまで残業が続く毎日とは。こうなってくるとさまざまな面で精細を欠いてくる。明日も仕事！（真）

11/2土
ものすごく「空気を読める」場もあれば、全然「空気が読めず」居づらい状況になることもある。あらゆる場で「空気が読める」ようになる必要はないが、かといって居づらい場所で世界は埋め尽くされているわけじゃない。それは自分の問題というよりも、場自体が持つ「方向性」とか「寛容性」とか、複合的な要因が作用している。（真）

11/3日

原稿を書いたり回覧板を回したり、ちょっとした用事で村内をウロウロ。オフィスキャンプ東吉野に『彼岸の図書館』を三度目の納品。誰が買ってくれているのか分からないけれど、とにかく誰かが買ってくれているらしい。そして誰かが僕らが掲載された新聞まで貼ってくれていた。夜はタナトスさんと堂々久にて定食を頂き、温泉へ。はぴねす。(真)

11/4月

締め切りを過ぎてしまった「山學日誌」をやっと送信！また長くなってしまった。昼からは回覧板を回したり区費の回収が終わり、女性村議の蛯原さんと会合。その後オフィスキャンプで菅野大門氏と近況をあれこれ。最後はタナトスさんに舞茸を渡し柿をもらう物々交換。村内で完結した午後。ソロー著、飯田実訳『市民の反抗』(岩波文庫)を再読中。前読んだ時にはイマイチ「ピン」と来なかったことが、今はビビットに迫ってくる。「正義のために投票したからといって、正義のためになにかしたことにはならない」とソローも言うように、投票だけが政治行動ではない。今日のおかげで来年はガシガシ前に進んでいけそうな気がしてきた。ただし僕は前に進んでいるつもりでも、周りの人からは単に「分け入っている」ようにしか見えないらしい。「できそうもないこと」にしか興味がないのだけど、個人的には「できる」と直感している。決して「立派」にはできないけれど。(真)

風邪でしばらくダウン。有機体は元気だったり、元気じゃなかったりする。(海)

11/5 火

昨夜から畑中章宏『死者の民主主義』(トランスビュー)を読み始める。現代社会を「民俗学」的視点で眺める入門には持ってこい。期せずして読めた諸星大二郎論もうれしい。(真)

11/6 水

紀伊國屋書店梅田本店の攻めている『彼岸の図書館』紹介ポップ。開館予定も更新してくれていて、ぶっちぎりのうれしさ。(真)

11/7木

就労支援の仕事で朝からハローワークへ。大混雑。ハローワークが朝から混む社会は、雇用が流動化した「自由な」社会なのだろうか。そんなわけはない！給料、体調、人間関係、どれか一つでも安定していなかったら、その「自由」は単なる不安定。ひいては不寛容な社会を生み出していくのだ。（真）

11/8金

就労支援の仕事、関係調整や事務をして一日が過ぎていく。職員と利用者、健常者と障害者、そういう固定した関係性は全く本質的ではない。関係はゆらぎ、反転、侵犯しあったりする。人間同士、その中で傷つけ合ったり慰め合ったり。制度より先に人間同士の関係から立ち上げるべき。（真）

11/9土

種々の要因で「力を出し切れていない」方々のエンパワメントがしたい。「働くこと」はその方々の一つのモチベーションでしかないし、ましてや企業に就職することは「働くこと」の一手段でしかない。だから「企業に就職すること」自体が目的の「就労支援」には、全く魅力を感じない。(真)

11/10日

「支援」なんてわざわざ言わなくても、お互いに「当たり前がある」ことを前提に接することで、だいぶ柔らかい社会になる。自分に自信がないと「形あるもの」にすがってしまい、それへの距離で人をランク付けしてしまう。(真)

11/12火

夜は山崎雅弘さんと我が家でコタツに入りながらわいわい夕飯。バイ貝のアヒージョや鶏肉のフルーツソースがけなど、美味。山崎さんのご自宅でとれた柿や台湾と韓国のお土産もいただく。月明かりがとても明るい。(真)

11/13水

文化人類学者の磯田和秀さんとご飯。気がついたら四時間近くおしゃべり。何の話をしたのかよく覚えていないけれど、ターミネーターの話を聞いたのは記憶している。そして最後は「血縁のない者が継ぐ話」に着地した、気がしないでもない。（真）

11/15 金
お酒、薬物、人間関係など「分かっちゃいるけど、やめられない」に苦しんでいる人がたくさんいる。弱い人間だから苦しむんだという見解は、人間、社会理解が浅すぎる。かといって、その苦しみが本人と全くの偶然にあるわけではない。絡まりをひとつずつ解いていくしかない気がしている。（真）

11/16 土
茨城県水海道でのイベント「森の生活」にてオムラヂ連続公開収録へ。暗いうちから家を出たのに、ちょっとした手違いで飛行機に乗り遅れてしまった。仕方ないので関空から新大阪へ行き、新幹線へ。とほほ。日が暮れてどんどん寒くなっていったにも関わらず、オーディエンスのみなさんがたくさん来てくれ、とても楽し

い一夜に。(真)

飛行機に乗り遅れるも、何とかあすなろの里に到着。シャーウッド・アンダーソンもっと読みたい。お鍋ほこほこで美味しかった。(海)

11/17日

夕書房の高松さんの車でLALAガーデンつくばのTSUTAYAさんへ。『彼岸の図書館』がバッチリの関連図書ラインナップとともに陳列。LALAガーデンを後にして、千年一日珈琲焙煎所へ。乗り遅れてはならぬと成田空港へは早めにバスへ。空港はさまざまな国籍の人がいて気が休まる。ゲストハウスが居やすいのと一緒かも。明日も就労支援の仕事があるが、自分にとっては生活の糧であるとともに、身をもって社会を知り、考える手段でもある。人は何に「縛られているのか」。縛られることが良い悪いではなく、認識することが肩の力を抜いて生きることにつながる。(真)

11/20 水

名古屋へ。昼間はカルチャーセンターでヨーロッパ史講義。夜はON READINGさんで『彼岸の図書館』刊行記念イベント。今朝は久々の頭痛で弱り果てたが、なんとか復活。間一髪。刊行記念トークは、黒田夫妻とゆっくりお話できて楽しかった。よく知らずに来てくれた方が、僕たちのことを「想像以上に肩の力が抜けていた」と言ってくれたのが印象的だった。（真）

名古屋のON READINGさんでイベント。黒田夫妻の、よく笑うところがとても好き。「真にひらきたい」という言葉が胸に響く。ユージ氏が、当館名の焼印とそのケースを皮で作ってくれた。「フランスの蚤の市で発掘した風」とのことで、内側に「パリ」って書いてある。あなた最高や。（海）

11/21 木

名古屋で目覚める朝。ここから出勤。お宿は駅近でキレイでリーズナブルで快適だった。名古屋のカルチャーセンターで講義を始めて早五年。コジさんやON READING黒田夫妻のおかげで、最近だんだん名古屋が好きになってきた。しかし名古屋市内を地下鉄で移動していると、階段がとても多いことに気がつく。都市はどこも同じだろうか。高齢者や障害者の方はさぞ大変だろう、と足の悪いうちの奥さんの隣で思う。夜、作家の大竹昭子さんが『彼岸の図書館』の書評を書いてくれたことを知る。昨夜の刊行記念トークで、須賀敦子さんの『ユルスナールの靴』の一節を引用したところだったので、望外の喜び。「高度成長期に象徴されるような『地域からの離陸』の時代から、『地域への着陸』の時代への変化」(広井良典『人口減少社会のデザイン』(東洋経済新報社))は、『彼岸の図書館』で言うところの「土着の時代」と近しい。「きっちり足に合った靴さえあれば、じぶんはどこまでも歩いていけるはずだ」(須賀敦子)とも通じている。(真)

11/22 金

期せずして施設長のような仕事をすることになって、なかなか現場に入れない日々が続いているが、忘れてはいけない。常に「人がいる場所」から始めたい。「(前略)農村の過疎化等といった問題は、しばしば言われるように『人口減少社会』それ自体が原因なのでは決してない。むしろそれは人がどう住み、どのようなまちや地域を作り、またどのような公共政策や社会システムづくりを進めるかという（中略）問題なのだ。」（『人口減少社会のデザイン』）に大きく頷く。（真）

11/23 土

仕事を終え、久しぶりに奈良市の絵本とコーヒーのパビリオンさんへ。美味しいケーキをいただきつつ、おしゃべり。先日「森の生活」でご挨拶して下さった福島のみず文庫の方が、パビリオンさんで『ルッチャ』を手に入れて下さったそう。明日から熊本へ。最近は広井良典『人口減少社会のデザイン』と加藤典洋『敗戦後論』（ちくま学芸文庫）を携えている。夜に『ぼくはくまのままでいたかったのに』（イエルク・シュタイナー著 イエルク・ミュラー絵 ほるぷ出版）読了。読後の「あの感じ」を、僕は就労支援の仕事の中で常に感じている。働くことから人が疎外されてしまうと、それは「働かされている」になる。とはいえ、一つの仕事全てを主体的にやる必要はない。やったりやらなかったり。距離感が大切。（真）

11/24日

関空から熊本へ。夜は南阿蘇のひなた文庫さんで、オフィスキャンプ東吉野の坂本さんと『彼岸の図書館』刊行記念トーク。東吉野村と南阿蘇という「周縁」から見る未来について、地方におけるコワーキングスペースのデザインを手がける坂本さんと一緒に考えた。トーク後のおでんも美味。オムラヂリスナーの方がわざわざ長崎から来てくれていた。（真）

11/25月

「分からない」状況下で生き続ける力が必要になる今、できるだけ自然の中で生活することが、その力を滋養するのではないか。今日は由布院の庄屋サロンにて中谷健太郎さんとオムラヂ公開収録。戸高ご夫妻がセッティングしてくださり、とても楽しい会に。話が着地しそうになると「そうはさせない」中谷さん。さすがの胆力！（真）

11/26 火

小国町のゲストハウス縁屋さんで目覚めた朝。熊本市内へ向かい、夕方に関西へ。車中では坂本さんと「九州振り返り」をオムラヂ収録。おしゃべり野郎と録音野郎が揃うとすぐ一本出来上がる。熊本市内をガラガラを引いてトボトボと。城下町は良き。長崎書店と長崎次郎書店にご挨拶。どちらも欲しい本がいっぱい。道中読んでいた箒木蓬生『ネガティブ・ケイパビリティ』(朝日選書)と中谷さんオススメの井上岳一『日本列島回復論』(新潮選書)が僕の中でビシッと結びついた、そんな旅だった。坂本さんと行動を共にして、ローカル・コワーキングがどんなものか知ることができ、僕の構想する「山村デモクラシー」と近しいことが分かった。(真)

11/27 水

携帯無くして落ち込んだけれど、SIMカードと本体買い直したら、あっさり復旧。前に「AIに記憶を仕込んで、遺す」みたいな話題になって、「じゃあ記憶こそが、人間なのかな?」と話したことを思い出す。じゃあ自分は認知症になってAIが残ったら、どっちが自分なんだろうとか。私の記憶を、めちゃ丈夫で健脚の体に

流し込んだら、それは私なのかな？とか。（海）

11/28 木

僕たちは身体を壊して東吉野村に移住し、自宅を図書館にしたことなどをきっかけにして徐々に元気になったのだけど、一言でいうと、どんどん加速する「資本主義社会に負けた」のだと思う。都市は「そのルール」一択だからキツい。まずは一回負けを認めること。そして「大人」の言うことを信じないこと。（真）

11/30 土

朝日新聞に『彼岸の図書館』の書評が。評者はまさかの宇野重規さん！宇野さんのご著書は何冊も読んでいて、特に『保守主義とは何か』や『〈私〉時代のデモクラシー』から大きく影響を受けた思想が『彼岸の図書館』には底流している。『彼岸の図書館』が小さな場所を持っている人、地方に住んでいる人からじわじわと広がっていっているようで、うれしい限り。（真）

見えない心と見えない身体

「身体の障害は目に見えるけど、心の障害は目に見えないから」

家人と話していて、こういう言葉が出て来ました。その時は同意していたのですが、後に電車で出かけたりする中で、「あれ？ 身体の障害って、本当に目に見えるのかな？」という疑問が湧いて来ました。

私の右脚には金属が入っていて、膝が70度くらいまでしか曲がりません。それ自体は膝を見れば手術跡が残っているし、「脚を曲げられるところまで曲げて」と言われたら、これくらいまで曲がる、と見せることはできます。そういう意味では、明確に「目に見える」のかもしれない。

ただ、「曲がらないことによって生じる困り感」については、自分の外側に出して見えるようにするのが難しいと感じます。自分にすらも、まだまだ見えません。例えば電車で出かける中で、色々やりづらいことがあります。特急電車でクロスシートの窓側に座って席を立つ時、隣の人の脚を跨ごうとするものの、脚が上がりにくいため引っかかってしまいます。色々トライしていたけれど、声をかけて一度立ってもらわないと難しいのかもしれません。他にも、階段の乗降時に手すりが左側にないと厳しいとか、上りより下りが怖いけれど下りのエスカレーターの方が少ないとか、言葉にして説明しないと伝わらないことが意外と沢山ありました。そしてそれも、疾病の状態や生活スタイル、暮らす環境や考え方によって人それぞれ細かく異なるものだと思います。

中井久夫『世に棲む患者』(ちくま学芸文庫 2011) の中で、「急性期にはまず鎮静、そのあとは急速、それから探索行動、そして、社会の中に座をみつける、という順序は「身体病」の場合には一般の承認するところである。どうして、「精神科の病い」だけが例外なのであろうか。」との言及がありますが、本当にそう思います。身体の不具合も心の不具合も、まずはとにかくしんどい急性期を抜け、自分で自分の困り感を見つめ、社会や他と折り合うように、何とか処し方を見出していく。「下肢機能の不具合」や「発達の偏り」等、一応のラベルがついても、自分の取扱説明書は出来上がりません。これは実は疾病のある人ない人、誰しも同様ではないかと思います。どういう時に何故困るのか、何故嬉しいのか等々、経験を通じて自分の状態をつぶさに観察して、その都度言葉にして語ったり、考えていくしかないようです。

そして、感覚を言葉にする過程を助けてくれるのが、本なのではないでしょうか。何もないところから自分に迫り来る感覚を説明するのは、私には難しい。けれど、本を読んでいて「ああ、私が感じていたのはこれに近い」という言葉を、いくつか見つけられることがあります。この組み合わせによって自らの見えない心と見えない身体を語ることが、「自分の言葉」を獲得する過程なのではないかと思っています。

（海）

12/1日

昨日、今日と就労支援のお仕事。「働く」ことに夢とか希望とか込めすぎると、ほとんどの人は実現できず、他人の芝生が青く見え、しんどくなる。他者と自己を比べないようにする第一歩は、「生活」のどこかに「自分の手」を入れること。「働く」はそこから勝手に立ち上がる。(真)

星○個とかで評価することに躊躇いがない感覚は、ちょっと危うい。星5つでも1つでも、危うさは変わらない。(海)

12/2月

加藤典洋『敗戦後論』がまたもやすごい付箋に。「彼は、上方からくる『正しいこと』、『誤らないこと』によってではなく、むしろ下方からくる、より『誤りやすい』存在の手で、一つの肯定を摑む」という、本書内の『キャッチャー・イン・ザ・ライ』評にハッとしてグッ。(真)

12/3 火

鍼の後にうどんと親子丼を食す。はぴねす。資本主義にも、相手より優れていることを求められる社会にも、もちろん自己の中の「他者」にも、一向に勝てる気がしない。でもそれで良いと思う。いったんの surrender は本当に必要。大事なことはそこで、「ねじれない」こと。（真）

12/4 水

ヘロヘロで胃からの逆流を常に感じる午後。そんな折、帰りがけに立ち寄ったスーパーで仲間とバッタリ。「理想の生活」をきちんと持っていて、「現実の生活」とのギャップを少しずつでも埋めようしている健全さ。理想に耽溺せず、現実に埋れず。（真）

栗山さんちのマロン（おくら主任の父。プレイボーイ）が対岸を歩いていて、おくら主任が半狂乱に。お父さんと遊びたかったかしら。（海）

12/5 木

大阪のCalo Bookshop&Cafeにてオフィスキャンプ坂本さんと鼎談。「村で未来を語り続ける」とは、さしあたり人口減少という「現実」に合わせて社会をデザイン的思考で考え続けること、なのかな。（真）

12/6 金

奥大和クリエイティブスクールへ。奈良県庁の福野さんとプロレスの話で盛り上がったり、懇親会の席の隣がまた坂本さんだったり、安心の「いつもの」一夜だった。（真）

12/7 土

梅田にてあまりの人の多さに息も絶え絶え。蔦屋書店に行ったものの、三砂さんを遠くから確認するのみ。それから紀伊國屋さんへ。素晴らしいポップを作ってくれた書店員の方はいらっしゃらず、百々さんにご挨拶。永江朗『私は本屋が好きでした』（太郎次郎社エディタス）を購入。『りぶろ・れびゅう』最終稿を脱稿！（真）

12/8日

午後から斑鳩町立図書館で、マスクさんの講演「人と本とが出会う空間〜東吉野村人文系私設図書館ルチャ・リブロの取り組み〜」と刺繍ワークショップ。大変盛況で講座後のワークショップへのご参加も多数。普段いらっしゃっていない方々がご参加くださっていたとのこと。うれし。企画・運営していただいた磯田真理さんをはじめとする司書の方々には大変感謝。講座を終え、荷物を取りに斑鳩から集配所のある御所へ。そこから職場へチラッと寄り、忘れていた仕事をチラリ。丸亀製麺でご飯。最後はスーパー銭湯で温まり帰宅。（真）

斑鳩町立図書館でお話。皆で刺繍、思った以上に楽しかった。（海）

12/10火

消防団入団式終了。村に引っ越して図書館として家を開いているとはいえ、街勤めなこともあり、村内の人との付き合いが薄いことは否めず。今後は特に同年代の方々との付き合いが増えそう。次期も引き続き垣内の連絡員を務めることになったり、できることはしたい。コミュニティとの付き合い方を原理的に一貫させようとするど、しんどくなる。中には「昔からの慣習」というだけで存在するものなど、現在の価値観では測れないものがたくさんある。コミュニティ成立の背景に「自然」があればあるほど、「自分の知らない何かがあるのではないか」との思いが強くなる。（真）

閉館中、お客さんを引っ張り込んで、お茶する日。（海）

12/11 水

関西大学での講義終了。社会学部で東吉野村のドキュメンタリーを撮った、数元くんと北口くんを講義にお迎え（関係ないけど！）。でも去年、この講義でしたルチャ・リブロの話をきっかけに二人が来てくれたので、「関係あることだけ」を話すのはやめた。終了後は二人と懐かしのケープコッドへ。しかしエクセルに触れていると、パワーが吸い取られていくのが分かる。（真）

12/12 木

いろいろ波紋を呼んでいる永江朗『私は本屋が好きでした』は未読な中、新大宮駅前の啓林堂書店が新装開店したので立ち寄ってみる。前からそうだったのだが、嫌韓本とビジネス書の充実さよ。そういう本が売れているということなんだろうけど、売れりゃいいのかね。(真)

12/14 土

西日本新聞にて福岡のブックスキューブリックさんが『彼岸の図書館』を取り上げてくれた。今度福岡に行くときは必ず寄りたい。就労支援の仕事にて、朝からずっと面談。体調が良かったのか、「面談体力」がついたのか、なんとか完走。「面談」は正に「答えのない問い」と向き合い続けるような行為。こちらがリードして答えに導くこととは全く違う。感覚としては「見取り図を書いて、一緒に待つ」が近いかも。夜は地区の自治会。(真)

12/15 日

ルチャ・リブロ、本年最後の開館日。名古屋、小豆島、神戸、大阪などの遠方から、川上村、天川村、奈良市などの県内各地からもいろいろな方が来てくれた。『彼岸の図書館』の感想を携えて来館してくれる方も多かった。夜は生駒さんと砂川みほこさんと「南和の積もる話」打ち上げ会。他人の評判ばかり気にしてもしょうがないけど、自分のできることをできるだけていねいにやるしかない、そんな想いを強くした。「自分の言葉に嘘はつくまい、人を裏切るまい」ってアリスも唄っていた。(真)

今期の開館最終日。先客万来。(海)

12/16 月

本日付け朝日新聞「折々のことば」にて、鷲田清一先生が『彼岸の図書館』内の言葉を紹介してくれた。少し前に高松さんから連絡をもらっていたので知っていたけど、にわかには信じられなかった。「『正しさ』より『楽チンさ』をものさしに落しどころを探せたらいいんじゃないかな」という奥さんの言葉。この本は移住、図書館、生き方など、「テーマが多岐にわたりすぎる」と言われ、どこにジャンル分けすれば良いか分からないとも言われてきたけれど、その本質的な部分をバシッと言い当ててもらった。うれし。(真)

12/17 火

二日続けて「折々のことば」に登場。今日は「『なんとなく』を軽視しているから、実は誰もが感じている『もやっ』を切り捨てて、『きちっ』としたものしか信じなくなる」という僕の言葉。ルチャ・リブロで僕が目論むのは、「なんとなく」の復権。「あらゆるもののスタート地点」である「なんとなく」を取り戻す。つまり、今僕たちが世界を認識している方法を「いったん脇に置いておいて」、「認識以前の状態」に向き合おうとする姿勢を持つこと。このアクションを「土着人類学」と呼びつつ、今後とも試行錯誤を発信し続けていこう。（真）

「折々のことば」連続掲載。嬉しいな。（海）

12/18 水

名古屋で講義の日。バスで行くべく、最寄りの高速バスターミナルまで車を飛ばす。霧がすごかったことと木材を運ぶ大きな車の徐行運転のおかげで、バス到着間際となってしまった。家に帰ると『りぶろ・れびゅう』が届いていた。「本の書評と自分のことを絡めて書いてほしい」という漠然としたオーダーに応えてくれた執筆

者のみなさん、「ほぼ全部」してくれたH.A.Bの松井さん、ありがとう！（真）

当館のお客さんと、H.A.Bの松井さんと一緒に作った小冊子『りぶろ・れびゅう』届く。以前大学で紀要編集していて、ミス見落として正誤表挟んだり、先生を怒らせたりしたので、なんだか懐かしい。風合いだけじゃなく、「こんな面白いの、真っ先に読んじゃっていいの？」みたいな紀要に近い目撃感があって、ワクワクする。（海）

12/21土

なんと日経新聞に『彼岸の図書館』の書評が掲載。とても的確に僕たちの伝えたいことを掴んでくれていた。やるじゃん、日経（えらそうに！）。今日と明日は山學院とブックマルシェ。「山村のアカデミア」山學院の二回目は、奈良県立図書情報館の乾さんをお迎え。「答えのない時代」と仕事、というテーマでみなさんとお話しすることができた。前回と異なり、今回は小ぢんまりと開催。これくらいの方がハンドリングできて良いかも。とはいえ今回も全国から面白い方々が集ってくれた。

（真）

12/22 日

本日はブックマルシェ「山學 本の日」。年末の忙しい時期に人が来るかも分からないブックマルシェに出店してくれたみなさん、本当にありがとうございました！「求めていた本との出会い率」がすごかったとのこと。またやりたい。（真）

昨日から引き続き山學 本の日。楽しすぎる。『りぶろ・れびゅう』が人気！（海）

12/23 月

雪がうっすら積もって、おくら主任が鼻先を突っ込んでいた。かぼす館長の調子悪く、午後診へ。注射を打ってもらったらだいぶ復調したみたいで、「元気になったよ」と飛び跳ねてみせてくれる。（海）

12/25 水

タナトス家でクリスマス会。昨年は体調不良で奥さんが欠席だったけど、今年はみな出席。美味しい料理とケーキをいただく。最高！（真）

武田家とクリスマス会。美味し楽しかった。（海）

12/26 木

『彼岸の図書館』が「ほのぼの移住ストーリー」だと勘違いしてる人もいるそうだ。「広がっていく」ことはそれだけ「誤解の余地」が広がることだから、仕方ない。事実誤認、悪意ある曲解以外はどうぞご自由に。しかしショックなのはわが街、浦和の本屋さんに全然入荷していないということ。石井桃子さん、瀬田貞二さんゆかりの街として恥ずかしくないのか！（真）

12/27 金

職場の方々とプチ忘年会。帰り道、気分良くハンドルを握っていたら久々にムカつくことが（a.k.a オムラヂ案件）。「ご存知○○でございい」から入ってくるこの感じ、少ないケースとはいえ、某新聞の関係者に多い。（真）

12/28 土

奈良市内のぷろぼの福祉ビルにて、元同僚の角光さんとのトークイベント。手伝ってくれた辻本夫妻、塚月さんに感謝。なんだか良いチーム。角光さん、辻本さ

んとは夜までずっとお喋りしっぱなし。（真）

今年最後の『彼岸の図書館』刊行記念トーク。角光さん、おもしろいなぁ。かぼすさん、注射や頑張って飲んだお薬が効いたのか、調子よさそう。若いから回復ははやい。お薬もう少しの間飲もうね。（海）

12/29 日

久しぶりの休み。朝からおくらくんと寝室で遊ぼうと思ったら、当人うれしかったのかお漏らし。夜はタナトス家と忘年会、近所の台湾料理屋さんへ。なぜかつけ麺を食す。もっと中華っぽいやつ食べりゃよかった。（真）

贈り物にするのに、南天、杉葉、アオツヅラフジ、月桂樹、立枯れしたヤマユリ、フユイチゴなど採集。お宝にほくほく。（海）

12/30 月

神戸へ。内田樹先生とのオムラヂ収録。終了後はその足で「オムラヂオリジナルメンバー」とも収録。どちらも気がついたら一時間超えの長さに。夜は山崎雅弘さ

んとトマオニにて忘年会。ステーキを食す。（真）

12/31 火

大晦日は恒例の映画鑑賞。『彼岸の図書館』刊行を記念して、小津安二郎「彼岸花」を観る。佐分利信が悩ましい。来年はもっと映画を観るぞ。（真）

研究ノオト

山村デモクラシー

自分の足で歩いているか。

「いいから黙って言うこと聞いとけ！」

そんな強い言葉に従って生きていける時代は過ぎ去った。だけど、どうも現代社会は便利で余計な負荷がかからないようになったおかげか、「黙って言うことを聞きがち」になっていないだろうか。そもそもその命令は正しいのか？　その命令が前提としているもの、場所、人びととは何なのか。吟味する時間、話し合う余裕も与えられない。そんな焦燥感が常に社会に溢れているように感じる。

自分の足で歩いていない気がするのは、世の中が便利になったこと、つまり生活の「アウトソーシング」やシステム化が進み過ぎた結果だ。苦労や不便を強いれば解決する話でないのは百も承知だが、現代社会で人間に必要な能力は「ボタンを押すタイミング」を知っていること、くらいに矮小化されてはないか。ボタンを押すと機械化されたシステムが動き出す。人間が手作業でするよりもよっぽど正確で速い。僕たちはそのシステムの中でいかに間違えずに生活するか、勉強するか、働くかだけを求められている。それをうまくできるのが「社会人」だ。

社会人は無駄なことはせず、できるだけコストをかけず、他人に迷惑をかけず、迅速に一番「賢い」選択をする。でも正直、これだったら「人間って、いる意味ある？」という思いを僕は隠せない。マルクスはこんな絶望的な感覚を人間に抱かせてしまう仕組みを、労働の文脈で「疎外」という用語を用いて説明している。

労働者は、彼が富をより多く生産すればするほど、彼の生産の力と範囲とはより増大すればするほど、それだけますます貧しくなる。労働者は商品をより多くつくればつくるほど、それだけますます彼はより安価な商品となる。事物世界の価値増大にぴったり比例して、人間世界の価値低下がひどくなる。労働はたんに商品だけを生産するのではない。労働は自分自身と労働者とを商品として生産する。しかもそれらを、労働が一般に商品を生産するのと同じ関係のなかで生産するのである。

（中略）労働の実現は労働の対象化である。国民経済的状態のなかでは、労働のこの実現が労働者の現実性剥奪として現われ、対象化が対象の喪失および対象への隷属として、（対象の）獲得が疎外として、外化として現れる。（マルクス『経済学・哲学草稿』岩波文庫 1964 p.86-87　強調は筆者）

あらゆる行動を「コスト換算」してしまうと、結果としてすべての行動は「商品」となる。そしてマルクスが言うように、労働は自分自身と労働者とを商品として生産する。逆説的ではあるが、「コスト換算」つまり「経済合理的に」考えてしまった時点で、僕たちのアクションはすべて労働になり、その結果生まれてきたものは商品となる。しかし本当の問題は、労働は労働者を生産する以外に、「自分自身」をも商品化してしまうことだ。商品となった「自分自身」は、他の人と比較衡量が可能な「自分自身」というブランドを、いかに効率的につくり上げるかという競争に巻き込まれていく。

「自分自身」というブランドをつくりあげるため、幼少期から塾やピアノ、バレエ教室など、さまざまな習い事をすることはもちろん、良い大学に入るために幼稚園、小学校を選ぶ。最終ジャッジは就活だ。そこで売れるか売れないかが判断される。売れようが、売れまいが、その責任は「自分自身」にある。これが現代社会における「個人」であり、この競争に組み込まれているという意味で「平等」だということになっているが、各家庭の経済状況等、競争のスタートラインが全く異なることは「見て見ぬ振り」されている。政治学者の宇野重規は、この時代の「難しさ」を以下のように述べる。

結果として、現代では「個人」や「平等」といった場合でも、昔とは違った意味合いが強くなっています。「個人」は、それを抑圧するものに対し、高らかに掲げる理念というより、もはやそれしかない、唯一の価値基準という様相が強くなっています。その分、一人ひとりの〈私〉とは何か、そのアイデンティティが問題とされるようになりました。「平等」もまた、すべての人をただ等しく扱うのではなく、一人ひとりの〈私〉を認め、一人ひとりの〈私〉が特別な存在であること、いわば「オンリーワン」であることを承認することにほかなりません。いまや、人は自分が他人と同じように扱われるだけでは納得できません。自分が他人と同程度には特

別な存在として扱われることを求めるのです。（中略）

このように、〈私〉が時代の焦点となっていることが、独特の難しさを生み出していることは間違いありません。たとえばデモクラシーです。デモクラシーとは、〈私〉ではなく、〈私たち〉の力によって生み出していくものです。〈私〉のことは〈私〉が決めればいい。しかしながら、世のなかには、〈私〉一人の力ではどうにもならないことがあります。人の力を借り、人と協力することではじめて実現できることもあります。一人の力ではどうにもならない問題があるとき、人々が集まって〈私たち〉を形成し、〈私たち〉の意志で〈私たち〉の問題を解決していくことこそ、デモクラシーにほかなりません。（宇野重規『〈私〉時代のデモクラシー』岩波新書 2010 p. viii - ix　強調は筆者）

宇野氏は〈私〉の基礎がアイデンティティと言っているが、僕は「商品価値」に置き換えられると思っている。「商品価値」としての〈私〉しか認められなくなった社会で、〈私たち〉をベースとするデモクラシーが機能しなくなっていても、なんの不思議もない。どうすれば〈私たち〉を取り戻すことができるのか。マルクスは人間が「商品」としてしか見られなくなった社会を「疎外」という言葉で表現したが、ではそこから抜け出すためにはどうしたら良いのか。そのヒントは「個人的な体験」だと思う。

僕たちは奈良県東吉野村という、たいそう不便な場所に引越し、自宅を勝手に図書館と言い張っている。なぜ図書館を、と聞かれることが度々あるが、少なくとも僕たちは図書館を「サービス」（商品）として提供しているのではないから、本当はルチャ・リブロはみんなが知っている「図書館」ではないのかもしれない。全く顔の見えないドライな「サービス」ではなく、ともすれば鬱陶しいくらいにウェットな「生活の延長」でしかないのだ。

かつて神戸に住んでいた時のこと。僕たちの家で友人と鍋やタコパ（ルチャ的にはタコスだが、関西的にはタコ焼きを意味する）をした。「これ、面白いよ」と本をすすめたり、反対に貸してもらったり。でも僕らが西宮に引っ越して、友人にも家族が増えたりしてバラバラになってしまったことで、前のようにみんなで集まることもなくなった。よくある話だと思う。実はルチャ・リブロのイメージには、この時の「懐かしさ」が底流している。図書館という既存の施設の役割を担っているのではなく、僕たちの生活の一部を「図書館」と呼んでいるだけというのは、極めて「個人的な体験」が下敷きになっているからなのだ。

極めて「個人的な体験」がベースとなり、僕たちの持つ資源や経験を合わせて表現した結果を「図書館」と呼んでいる。このような「個人的な体験」が、本来は「自分自身」の中にある。ケン・ローチ監督の作品に「わたしは、ダニエル・ブレイク」がある。引退した大工のダニエルが病気であるにも関わらず就職活動を強いられ、結果的に職安の壁に「わたしはダニエル・ブレイクだ」と大きくスプレーで書くシーンがある。あれは就職活動つまり労働市場に組み込まれ、商品となることがいかに「個人的な体験」や「自分自身」をないがしろにし、現代社会が人間を「労働力」としてだけみなそうとしているかが描かれている。つまり「疎外」への反動が、あの「落書き」なのだ。ルチャ・リブロは僕たちにとって、あの時ダニエルが書いた「落書き」のようなものなのだ。

「疎外」から抜け出すためには、まずは「個人的な体験」を積み重ねることだ。そしてそれを「落書き」のようなもので構わないから、他者に発信すること。しかしすべてが商品化され、経済合理性で貫かれた都市生活を送ったままでは、なかなかそれが「個人的な体験」なのか「商品」なのかを判別することすら難しい。例えば、民俗学者の宮本常一の記述がそのヒントになる。

> 徒歩か牛馬の背によらない限りは往来のできない世界、しかも山坂の上り下りに疲れはてることに人間のエネルギーの大半を消費しなければならない生活、それはなんとも不合理の限りといわなければならないが、その不合理をいくぶんでも緩和するために、山中の人びとは生産したものを自分で市場まで持って出るのでなく、荷持ち専門の者に託する風が早くから生じていた。飛騨のボッカはそのよい例で、山中で生産されたものを平野地方へ、平野で生産せられたものを山中へと運んだのである。（宮本常一『山に生きる人びと』河出文庫 2011（原書は 1964）p.182　強調は筆者）

この記述のポイントは、山村での暮らしの基本が経済合理性ではなく、「不合理」にあることだ。もちろんそれはわざわざ不合理に生活を送っているのではなく、山で暮らすとはそういうことだ。しかしその不合理があるからこそ、できないことは他者に頼むことになる。真っ先にコストを考え、生産性を気にする経済合理的な行動は、不合理とは結びつかない。しかし不合理な体験は、搾取やハラスメントに結びつきやすい。そういう意味でも、その体験を「他者に発信すること」は重要だ。商品化しその価値競争を強いられた〈私〉は、その時に初めて〈私たち〉としてつながることができる。

ルチャ・リブロは「彼岸の図書館」を名乗り、此岸である現代社会と距離を置き、「疎外」から抜け出したい、ゆっくりと自分のペースを取り戻したいという思いの人を待っている。でもここで重要なのは、「自分のペースを取り戻す」ことは、ただ単に元に戻るのではないということ。本当の意味で「自分のペースを取り戻す」とは、商品化してしまった僕たちの中から、「自分自身」を取り戻すことだ。これは元に戻るとは程遠いアクションだし、先に進む、とも違う。そもそも、今まで来た道、そしてこれから行くはずだった道は、自分に「合っている」のか。一番大事なのはそこに焦点を当てることだ。

どうすれば自分に「合っている」のかどうか分かるのだろう。その一つの方法は一見不合理だと思うことでも体験することで、商品の側面を削ぎ落とした「自分自身」の在り処に気づき、それを「落書き」として他者に発信することだ。「落書き」だから、きれいかどうか、かっこいいかどうかは関係ない。あまり気にしない、意識し過ぎない。その「落書き」を描く方法も、あえて「一つに絞らない」方が良いだろう。

「一つに絞らない」社会は人間を商品として見ることと、そして商品ではない「自分自身」を見ることの二つを両立させる。他者は同じ商品同士の時はライバルかもしれないが、お互いが「個人的な体験」を持った「自分自身」である時は連帯できるから、僕たちは〈私〉にも〈私たち〉にもなれるのだ。そんな社会が作れないだろうか。僕は山村で暮らすことでそのことに気がついたから、このアイデアを「山村デモクラシー」と呼びたい。(真)

あとがき

僕の場合、日記と聞いてまず頭に浮かんだのは「獄中記」でした。作家で元外務省主任分析官の佐藤優『獄中記』(岩波現代文庫)がマイ・フェイバリットで、大学院時代は座右に置いていました。アナール学派の歴史家フェルナン・ブローデルも、ドイツの収容所で捕虜生活を送った経験があります。かの大著『地中海』も獄中で書かれたとかそうじゃないとか。大杉栄もアントニオ・グラムシももちろん獄中に入って「書き物」を残しています。僕は彼らのそうした行為に思考のヒントを見い出しています。

四方を壁で囲まれている獄中は、誰かと対話することのできない環境です。そのなかで生み出されたものは、まさに「自己との対話」の産物だと思うのですが、そもそも自己との対話とは何なのでしょう。自己と対話するためには、自己のなかに「他者」を持つことが前提となります。その上でさらに、対話するスキルも必要になってくるのだと思います。おそらく多くの人は「自己のなかの他者との対話スキル」を磨いていないため、本来は誰のなかにも存在する「他者」を発見することができない。自己との対話に対し本当に必要なことは、「他者と対話するスキルを持つこと」だと言えます。

でも他者と対話するスキルを手に入れるために必要なのは、数多くの人と接することではありません。そうではなく、まず「他者の存在を認めること」です。存在を認めていない相手とは対話も何もスタートしません。佐藤優『獄中記』を読むと、他者の存在を認めることへの一つのアプローチとして、「信仰を持つこと」の重要性が分かります。なにより信仰を持つことが、「本当の一人の時間」をもたらしてくれる。僕が強く心動かされる「獄中的なもの」には、「他者の存在を認めるための一人の時間」が多分に含まれています。

といいつつ、他者の存在を認めるために一番手っ取り早いのは、「自分が他者になること」です。そうした意味で、リアルに牢獄に入ってしまうのは即効性がある。

牢獄は社会の外に置かれるものであり、「我々」にとっての他者が行く場所です。その場所に身を置いたとき、どのような景色が見えるのだろう。牢獄に入ったことがないので本当のところは分かりませんが、たぶん「社会のかたち」が見えるのだと思います。もしかしたら順序が逆で、社会のかたちが見えてしまったので、牢獄に入れられてしまったのかもしれません。

『山學ノオト』には「獄中的なもの」ともうひとつ、「雑草的なもの」が要素として含まれています。本書のネーミングも、奥さんが手にしていた『柳宗民の雑草ノオト』(毎日新聞社)からいただきました。雑草はなぜ雑草と言われるのか。ひとえに人間にとって有益でないから、関係がないから、どうでもいいからなのだと思います。必要なら大事に育てるし、害があるなら積極的に駆除をする。それが人間です。でも雑草は「雑草」と認識される時、基本的には放っておかれている。そう考えてみると、必要か不要か、有益か無益か、仲間か敵かという、人間基準の議論の土台に乗らない「雑草的なもの」が気になってきました。

ということで、この『山學ノオト』には「獄中的なもの」と「雑草的なもの」の二つが含まれています。他者の存在を認めつつ、人間基準の議論の土台には乗らない。この一見矛盾する思考を両立するために僕たちがとれる方法は、「他者を人間だと措定しない」ことしかありません。たぶん、自己の中の他者は人間じゃない。じゃあ何だ。いろいろな可能性がありますが、とにかくあらゆる言語、制度、振る舞い、眼差しにこびりつく「人間基準」を捨てること。するとたぶん、他者の存在も認められるようになってくるのだと信じています。

ウィズコロナの世界は、こんな感じでいきませんか。（真）

No.346 / 2019.11.06.wed_7:00 am
【オムラヂとほんvol.4】南和の積もる話
No.347 / 2019.11.13.wed_7:00 am
【山村夫婦放談】下手でも自分の言い方で
No.348 / 2019.11.20.wed_7:00 am
【書物をめぐる冒険】彼岸の図書館
No.349 / 2019.11.27.wed_7:00 am
【書物をめぐる冒険】本とともに暮らす
No.350 / 2019.11.27.wed_7:01 am
【書物をめぐる冒険】ローカルからユニバーサルへ
No.351 / 2019.12.04.wed_7:00 am
【山村夫婦放談】はい、すいませんでした
No.352 / 2019.12.11.wed_7:00 am
【元気です。】場所を「ひらく」こと
No.353 / 2019.12.18.wed_7:00 am
【元気です。】南阿蘇で未来を語る
No.354 / 2019.12.25.wed_7:00 am
継承することー中谷健太郎的こころー
No.355 / 2019.12.26.thu_7:00 am
熊本、大分ツアーを振り返る
No.356 / 2019.12.27.fri_7:00am
【元気です。】村で未来を語り続ける
No.357 / 2019.12.28.sat_7:00 am
【第二回山學院】「答えのない時代」と仕事
No.358 / 2019.12.29.sun_7:00 am
【元気です。】あきらめた先の「あきらめなさ」
No.359 / 2019.12.30.mon_7:00 am
【山村夫婦放談】2019年を振り返る
No.360 / 2019.12.31.tue_7:00 am
【オムラヂ・ジ・オリジン】宇宙へ飛び立つ

No.328 / 2019.7.03.wed_7:00am
答えのない時代とアカデミア
No.329 / 2019.7.10.wed_7:00 am
【ひがよ会】山學院開学記念イベントを振り返る
No.330 / 2019.7.17.wed_7:00 am
【山村夫婦放談】もういいぜ
No.331 / 2019.7.24.wed_7:00 am
【土人研】答えのない時代の「まとも」
No.332 / 2019.7.31.wed_7:00 am
【山村夫婦放談】シャトレーゼ、安い
No.333 / 2019.8.07.wed_7:00 am
良い職場だな
No.334 / 2019.8.14.wed_7:00 am
【納涼山村夫婦放談】ドラゴンリングイン
No.335 / 2019.8.21.wed_7:00 am
【山村夫婦放談】ちょっとX-MEN
No.336 / 2019.8.28.wed_7:00 am
【山村夫婦放談】元気です。
No.337 / 2019.9.04.wed_7:00 am
【内田樹先生に訊く】より複雑になっていく
No.338 / 2019.9.11.wed_7:00 am
【山村夫婦放談】シンプリズムとの闘い
No.339 / 2019.9.18.wed_7:00 am
失われた「中流」を求めて（第一夜）
No.340 / 2019.9.25.wed_7:00 am
「白黒つけない暮らし」
No.341 / 2019.10.02.wed_7:00 am
夜長に読みたい本
No.342 / 2019.10.09.wed_7:00 am
【山村夫婦放談】陰険な二人
No.343 / 2019.10.16.wed_7:00 am

【元気です。】いま、人文知の拠点をつくるということ
No.344 / 2019.10.23.wed_7:00 am
【山村夫婦放談】大いなるチャレンジ、では決してない
No.345 / 2019.10.30.wed_7:00 am
【元気です。】書物を守る闘い

No.310 / 2019.2.27.wed_7:00 am
【山村夫婦放談】腹わた煮えくり返り蔵
No.311 / 2019.3.06.wed_7:00 am
【山村夫婦放談】膿を出し切る
No.312 / 2019.3.13.wed_7:00 am
【山村夫婦放談】「できない」を自覚する
No.313 / 2019.3.20.wed_7:00 am
【山村夫婦放談】「手離す」ことの難しさ
No.314 / 2019.3.27.wed_7:00 am
ルッチャ第三號発刊記念！「生命力を高める学びの場について」
No.315 / 2019.4.03.wed_7:00 am
【山村夫婦放談】「不可能」から考える
No.316 / 2019.4.10.wed_7:00 am
済州島と地方移住
No.317 / 2019.4.17.wed_7:00 am
【刊行記念！『ルッチャ』第三號トーク】「『答えのない時代』と場所」
No.318 / 2019.4.24.wed_7:00 am
【山村夫婦放談】したり、しなかったり
No.319 / 2019.5.01.wed_7:00 am
【山村夫婦放談】二元論、やめい
No.320 / 2019.5.08.wed_7:00 am
【土人研】「答えのない時代」と生き方
No.321 / 2019.5.15.wed_7:00 am
【山村夫婦放談】安売りしちゃだめだよ
No.322 / 2019.5.22.wed_7:00 am
【山村夫婦放談】個人の成長が本の未来を作り出す
No.323 / 2019.5.29.wed_7:00 am
【山村夫婦放談】山と川と頭痛は同列
No.324 / 2019.6.05.wed_7:00 am
【ひがよ会】山学院で何しよう
No.325 / 2019.6.12.wed_7:00 am
旅の効能（パート1）
No.326 / 2019.6.19.wed_7:00 am
【山村夫婦放談】彼岸の住人
No.327 / 2019.6.26.wed_7:00 am
イリイチとイジューイン

オムライスラヂオ年表　2018.12.05-2019.12.31

No.293 / 2018.12.05.wed_7:00 am
【土人研】人類学から自由と民主を考える
No.294 / 2018.12.12.wed_7:00 am
【天コジ会】普通に暮らすって何なんだ
No.295 / 2018.12.19.wed_7:00 am
エネルギーが溢れてる（前編）
No.296 / 2018.12.26.wed_7:00 am
エネルギーが溢れてる（後編）
No.297 / 2018.12.28.fri_7:00 am
『本を贈る』について
No.298 / 2018.12.29.sat_7:00 am
地に足をつける
No.299 / 2018.12.30.sun_7:00 am
【山村夫婦放談】ルチャ・リブロの一年を振り返る
No.300 / 2018.12.31.mon_7:00 am
【内田樹先生に訊く】これからの「プラットフォーム」をつくるためには
No.301 / 2019.1.01.tue_7:00 am
【内田樹先生に訊く】空想と科学を合わせたら、土着へ
No.302 / 2019.1.02.wed_7:00 am
【オムラヂ・ジ・オリジン】重要な決定になればなるほど雑
No.303 / 2019.1.09.wed_7:00 am
【山村夫婦放談】変化に応じていく、だけ
No.304 / 2019.1.16.wed_7:00 am
ジョン・ケージ的なことを
No.305 / 2019.1.23.wed_7:00 am
対立的信頼関係とはー中谷健太郎的こころー
No.306 / 2019.1.30.wed_7:00 am
【山村夫婦放談】不登校でも大丈夫
No.307 / 2019.2.06.wed_7:00 am
【第七回　栗の木会】シェリー『フランケンシュタイン』
No.308 / 2019.2.13.wed_7:00 am
それぞれの表現として
No.309 / 2019.2.20.wed_7:00 am
のほほんと暮らす

青木 真兵（あおき・しんぺい）

1983年埼玉県生まれ。人文系私設図書館Lucha Libro（ルチャ・リブロ）キュレーター。古代地中海史（フェニキア・カルタゴ）研究者。障害者の就労支援を行いつつ、大学等で講師を務めている。オムライスラヂオの配信をライフワークとしている（https://omeradi.org/）。

青木 海青子（あおき・みあこ）

1985年兵庫県生まれ。七年間、大学図書館司書として勤務後、東吉野へ。現在は私設図書館を営みながら、お針で手間賃をもらう。

山學ノオト
2020年9月28日　初版発行

著者　青木真兵・海青子
装画・本文イラスト　青木海青子
装幀　武田晋一
発行者　松井祐輔
発行所　エイチアンドエスカンパニー（H.A.B）
130-0021 東京都墨田区緑2-10-13-404
03-5303-9495 (TEL) / 03-4243-2748 (FAX)
hello@habookstore.com
https://www.habookstore.com/

印刷　藤原印刷株式会社
表紙＋帯：新局紙古染　本文：オリンパス　遊び紙：NTラシャ

乱丁・落丁本はお取り換えいたします。
ISBN 978-4-9907596-3-6

Published by H.A.B, 2020
Printed in Japan